CONTENTS

MANUAL DEFINITIVO DA GESTÃO DE ESTOQUE

Resolvi escrever este livro após ter feito o Manual Definitivo do Sucesso Empresarial, o fiz para ajudar um amigo que estava ingressando neste setor da empresa e assim como pude ajuda-lo, espero ajudar outras pessoas.

Trabalhando com tópicos, como se fosse um check-list, abordando de forma lógica o que é necessário para executar com maestria essa profissão, trabalhar e entender esse setor e domina-lo.

Esse livro pode ser usado como mapa ou guia, você deve, aprofundar-se mais nos temas que achar necessário, a grande ideia é que você não precisará ficar sem saber por onde ir.

Peço paciência e perseverança, no início parecerá um pouco raso, porém posteriormente vamos nos aprofundar mais.

Boa leitura e se ajudou você de alguma forma fico muito feliz e peço, avalie e recomende.

AGRADECIMENTOS

Obviamente que agradeço a Deus em primeiro lugar, em segundo lugar a minha filha Alicia que me dá forças inimagináveis e me ensina mesmo sem ela saber disso.

E não digo pai, mãe, esposa, em outro livro os agradeci, mas eu agradeço a mim mesmo, ao Arturo I. Salles, que não desistiu, que nunca desistiu.

Quem ai faz ideia do que é a luta contra a depressão, sabe do que estou falando, então, eu agradeço a mim, por perseverar, por lutar, por continuar a estudar e mesmo sem saber, quem sabe ajudo alguém nesse caminho.

Obrigado Arturo, você duvidou muito e demorou para acreditar, agora é formado, mestre e futuro Doutor, obrigado.

E você ai, se alguém já vez o que quer que seja, você também pode, se você vai começar a trabalhar nessa área que escrevi neste livro, saiba que a primeira coisa você já fez, buscar conhecimento, agora, acredite que você pode ser o melhor no que você realmente desejar e você pode fazer qualquer coisa que você queira. Veja bem, 'que você queira', você precisa querer em primeiro lugar, querer estudar, querer crescer na vida, querer fazer o que é correto e querer ter sucesso.

Obrigado a você também que está lendo este livro.

TÓPICO 1: GESTÃO DE ESTOQUE

A gestão de estoque é o processo de planejar, organizar e controlar todos os aspectos relacionados ao estoque de uma empresa, desde a aquisição de mercadorias até a sua distribuição aos clientes. O objetivo principal da gestão de estoque é garantir que a empresa tenha o nível adequado de mercadorias disponíveis no momento certo, minimizando os custos de armazenamento e evitando a falta de produtos.

A seguir, estão algumas das principais etapas e atividades envolvidas na gestão de estoque:

1. Previsão de demanda: A primeira etapa é realizar uma previsão da demanda dos produtos com base em dados históricos de vendas, tendências de mercado, sazonalidade e outros fatores relevantes.

2. Estabelecimento de estoque de segurança: Para evitar faltas de produtos devido a variações na demanda ou atrasos na entrega, é necessário manter um estoque de segurança. Esse estoque adicional serve como uma reserva para cobrir imprevistos.

3. Determinação do estoque mínimo e máximo: Com base na previsão de demanda e no tempo de reposição dos produtos, é possível definir os níveis ideais de estoque mínimo e máximo

para cada item.

4. Controle de entrada e saída de produtos: É fundamental registrar todas as entradas e saídas de mercadorias do estoque por meio de um sistema de controle, como um software de gestão de estoque.

5. Classificação dos itens em estoque: Os produtos em estoque podem ser classificados com base em sua importância e demanda, utilizando a técnica ABC. Isso ajuda a priorizar a gestão dos itens mais relevantes.

6. Avaliação do giro de estoque: É importante monitorar o giro de estoque, ou seja, a velocidade com que os produtos são vendidos e repostos. Isso ajuda a identificar possíveis problemas de obsolescência ou baixo giro.

7. Implementação de técnicas de controle de estoque: Utilize técnicas como o Just-in-Time (JIT), Kanban, MRP (Planejamento de Necessidades de Materiais) e outras para otimizar o fluxo de materiais e evitar excesso ou falta de estoque.

8. Inventário: Realize inventários periódicos para verificar fisicamente a quantidade de produtos em estoque e comparar com os registros do sistema. Isso ajuda a identificar discrepâncias e possíveis perdas.

9. Gestão de fornecedores: Mantenha um bom relacionamento com fornecedores e negocie prazos e condições de compra que atendam às necessidades da empresa.

10. Análise de desempenho: Monitore indicadores de desempenho, como taxa de ruptura, nível de serviço ao cliente e custo de armazenamento, para avaliar a eficácia da gestão de

estoque e realizar melhorias contínuas.

Uma gestão de estoque eficiente é essencial para garantir o bom funcionamento das operações da empresa, minimizar custos operacionais e garantir a satisfação dos clientes ao atender suas demandas de forma rápida e precisa.

TÓPICO 2: ORGANIZAR O ESTOQUE

Organizar o estoque de uma indústria é fundamental para garantir a eficiência operacional, facilitar o controle dos materiais e otimizar o fluxo de produção. Aqui estão algumas dicas para organizar o estoque de uma indústria:

1. Categorização: Classifique os materiais e produtos em categorias ou grupos semelhantes. Isso pode ser feito com base em características como tipo de material, tamanho, peso, valor ou frequência de uso. A categorização facilita a localização dos itens e ajuda a manter um controle mais efetivo.

2. Layout lógico: Organize o estoque de forma que os materiais mais utilizados ou de maior demanda estejam mais acessíveis. Coloque os itens mais movimentados próximos à área de expedição e os menos utilizados em áreas de armazenamento menos acessíveis.

3. Identificação e etiquetagem: Utilize etiquetas claras e informativas para identificar cada item. Inclua informações como o nome do material, número do item, data de validade (se aplicável) e quantidade disponível. A etiquetagem facilita a localização rápida dos itens durante o processo de separação de

pedidos.

4. Estoque mínimo e máximo: Defina níveis de estoque mínimo e máximo para cada item com base na demanda e tempo de reposição. Manter estoques dentro desses limites ajudará a evitar faltas ou excessos de materiais.

5. Sistemas de controle: Utilize sistemas de controle de estoque, como um software de gestão de estoque ou um sistema ERP (Enterprise Resource Planning), para rastrear e gerenciar as entradas e saídas de materiais.

6. Instruções de armazenamento: Se for necessário armazenar materiais em condições especiais (como temperatura controlada), forneça instruções claras para a equipe responsável pelo estoque.

7. Setorização: Se o estoque for extenso, divida-o em setores ou áreas para facilitar a localização e organização dos itens.

8. Limpeza e organização regular: Mantenha o estoque limpo e organizado por meio de uma rotina de limpeza e arrumação regular. Isso ajudará a evitar acúmulo de poeira e sujeira, bem como garantir que os itens estejam sempre em seus devidos lugares.

9. Treinamento da equipe: Forneça treinamento adequado para a equipe responsável pelo estoque, ensinando-os a seguir os procedimentos corretos de organização e controle.

10. Auditorias periódicas: Realize auditorias periódicas para verificar a precisão dos registros e garantir que os materiais estejam em conformidade com o sistema de controle de estoque.

A organização eficiente do estoque é essencial para garantir a disponibilidade dos materiais necessários para a produção, reduzir o tempo de busca de itens e evitar desperdícios. Com um estoque bem organizado, a indústria pode aumentar sua produtividade, melhorar a eficiência operacional e reduzir custos.

CAPITULO 2 – DESDOBRAMENTO DOS TÓPICOS 1

Após abordarmos os itens necessários, vamos ver como desenvolver cada um deles e o que são.

- Previsão de Demanda:

A previsão de demanda de estoque é uma etapa crucial na gestão eficiente de estoques em uma indústria ou empresa. Ela envolve estimar a quantidade de produtos ou materiais que serão necessários em um determinado período de tempo com base em dados históricos, tendências de mercado e outros fatores relevantes. A seguir, apresento algumas das principais técnicas de previsão de demanda de estoque:

1. Média Móvel Simples: Nessa técnica, calcula-se a média aritmética dos valores de demanda histórica em um determinado período de tempo, como os últimos 3, 6 ou 12 meses. Essa média é usada para prever a demanda futura.

2. Média Móvel Ponderada: Similar à média móvel simples, mas com pesos diferentes atribuídos a diferentes períodos de tempo, levando em consideração que a demanda mais recente pode ser mais relevante para a previsão.

3. Método do Último Período: Consiste em utilizar a demanda do último período como estimativa para o próximo período.

4. Análise de Tendências: Procura identificar tendências de crescimento ou declínio na demanda ao longo do tempo e extrapolá-las para fazer previsões futuras.

5. Análise de Séries Temporais: Utiliza modelos estatísticos mais avançados para analisar padrões e sazonalidades nos dados históricos e projetar a demanda futura com maior precisão.

6. Pesquisa de Mercado: Realiza pesquisas e coleta de informações junto aos clientes e ao mercado para obter insights sobre mudanças na demanda e comportamento dos consumidores.

7. Métodos Causal e de Regressão: Esses métodos envolvem a análise de variáveis que podem influenciar a demanda, como preços, promoções, eventos sazonais, entre outros.

8. Método Delphi: Envolve a coleta de opiniões e previsões de especialistas em uma determinada área para obter uma previsão consensual.

9. Métodos Qualitativos: Utiliza a experiência e julgamento de especialistas para estimar a demanda futura, sem o uso de dados históricos.

É importante destacar que a previsão de demanda não é uma ciência exata, e diferentes métodos podem ser usados em conjunto para obter previsões mais confiáveis. A escolha do método dependerá da disponibilidade de dados históricos, da natureza do produto ou serviço e da precisão desejada.

Uma previsão de demanda precisa e eficiente ajuda a indústria a planejar seu estoque de forma adequada, evitando faltas ou excessos de materiais e garantindo uma gestão mais eficiente dos recursos da empresa.

- Estoque de Segurança:

O estoque de segurança é uma quantidade adicional de materiais ou produtos mantida além do estoque médio para proteger a empresa contra incertezas na demanda ou tempos de entrega variáveis. Ele é projetado para evitar faltas de estoque e garantir que a produção ou a entrega aos clientes não sejam afetadas por eventos imprevistos. Aqui estão alguns passos para estabelecer o estoque de segurança em uma indústria:

1. Entenda a demanda e a variabilidade: Analise os dados históricos de demanda para o item em questão. Identifique padrões sazonais, tendências de crescimento ou flutuações imprevisíveis. Use essas informações para determinar a variabilidade da demanda.

2. Calcule o lead time: O lead time é o período entre o momento em que um pedido é feito e o momento em que os itens são entregues e disponíveis no estoque. Analise o histórico de lead time para determinar a variabilidade nesse período.

3. Defina o nível de serviço desejado: Estabeleça o nível de serviço ao cliente que a empresa pretende oferecer. Por exemplo, você pode querer atender a 95% ou 99% das demandas do cliente sem atrasos.

4. Calcule a demanda média durante o lead time: Multiplique a demanda média diária durante o lead time pelo número de dias de lead time. Isso fornecerá a demanda média total durante o

lead time.

5. Calcule o desvio padrão durante o lead time: Utilize a variabilidade da demanda e do lead time para calcular o desvio padrão durante o lead time.

6. Determine o fator de segurança: O fator de segurança é um valor adicional que você adiciona ao estoque para garantir que ele cubra possíveis variações na demanda ou lead time. Geralmente, é usado um fator de segurança entre 1,65 (que atende a 95% das demandas) a 2,33 (que atende a 99% das demandas).

7. Calcule o estoque de segurança: Multiplique o desvio padrão durante o lead time pelo fator de segurança. Esse valor representará o estoque de segurança necessário para atingir o nível de serviço desejado.

8. Atualize regularmente: A demanda e o lead time estão sujeitos a mudanças ao longo do tempo. Portanto, é essencial revisar e atualizar periodicamente os cálculos do estoque de segurança para garantir que ele permaneça adequado às condições atuais.

Ao estabelecer o estoque de segurança, é importante equilibrar o custo associado ao estoque adicional com o risco de possíveis faltas de estoque. Um estoque de segurança adequado ajuda a manter a operação da indústria mais confiável, evitando atrasos na produção ou entrega e garantindo a satisfação dos clientes.

- Estabelecer níveis mínimo e máximo:

Estabelecer os níveis de estoque mínimo e máximo é uma parte importante da gestão de estoque em uma indústria ou empresa. Esses níveis ajudam a garantir que haja material suficiente para atender à demanda sem correr o risco de faltas ou excesso de estoque. Aqui estão algumas etapas para determinar o estoque mínimo e máximo:

1. Analise a demanda: Analise os dados históricos de vendas ou consumo do item em questão para entender a média de demanda ao longo do tempo. Considere também sazonalidades e tendências que possam influenciar a demanda.

2. Calcule o lead time: O lead time é o tempo que leva desde o momento em que um pedido é feito até o momento em que o material é recebido e disponível no estoque. Considere o lead time médio para o item.

3. Determine o estoque de segurança: O estoque de segurança é uma quantidade adicional mantida para proteger contra incertezas na demanda ou tempos de entrega variáveis. Use técnicas de previsão de demanda e análise de variabilidade para determinar o estoque de segurança adequado.

4. Calcule o estoque mínimo: O estoque mínimo é o nível mais baixo de estoque que a empresa deseja manter antes de fazer uma nova encomenda. Leve em conta o estoque de segurança e a demanda durante o lead time para calcular o estoque mínimo.

5. Defina o estoque máximo: O estoque máximo é o nível mais alto de estoque que a empresa deseja manter antes de parar de fazer novas encomendas. Leve em consideração o estoque de segurança, a demanda durante o lead time e o espaço disponível de armazenamento para determinar o estoque máximo.

6. Considere fornecedores e custos de pedido: Avalie o custo de fazer um novo pedido, incluindo custos de transporte, manuseio e pedido mínimo do fornecedor. Leve em conta esses custos ao

determinar os níveis de estoque.

7. Ajuste periodicamente: A demanda, o lead time e outros fatores podem mudar ao longo do tempo. Por isso, é importante revisar e ajustar periodicamente os níveis de estoque mínimo e máximo para garantir que eles continuem adequados às condições atuais.

Lembre-se de que a gestão de estoque é uma atividade contínua e dinâmica. Ao estabelecer os níveis de estoque mínimo e máximo, é fundamental equilibrar a disponibilidade de materiais com os custos associados ao estoque. Com níveis bem definidos, é possível garantir um fluxo de produção eficiente, evitar a falta de materiais essenciais e evitar o excesso de estoque desnecessário.

- Controle de entrada e saída de produtos:

O controle de entrada e saída de produtos é uma atividade essencial na gestão de estoque de uma indústria ou empresa. Ele envolve registrar de forma precisa e sistemática todas as movimentações de materiais, desde o momento em que eles entram no estoque até o momento em que são retirados para uso ou venda. Aqui estão algumas práticas importantes para um eficiente controle de entrada e saída de produtos:

1. Sistema de Registro: Utilize um sistema de registro adequado para acompanhar todas as movimentações de estoque. Isso pode ser feito manualmente em planilhas ou por meio de um software de gestão de estoque, o qual oferece maior precisão e facilidade na análise de dados.

2. Documentação de Entrada: Ao receber novos produtos no estoque, registre todas as informações relevantes, como data de entrada, número da nota fiscal, fornecedor, quantidade recebida,

valor unitário e lote (se aplicável).

3. Documentação de Saída: Ao retirar produtos do estoque para uso interno ou venda, registre a data de saída, a quantidade retirada, o motivo (se aplicável), o setor responsável e, se for o caso, o nome do cliente e número do pedido.

4. Controle de Lotes e Validades: Para produtos com prazo de validade ou data de fabricação, implemente um controle rigoroso para garantir que os produtos mais antigos sejam utilizados ou vendidos primeiro, evitando desperdícios.

5. Inventário Regular: Realize inventários periódicos para verificar fisicamente a quantidade de produtos em estoque e comparar com os registros do sistema. Essa atividade ajuda a identificar discrepâncias e corrigir possíveis erros no controle de entrada e saída.

6. Integração de Setores: Garanta uma comunicação eficiente entre os setores envolvidos no controle de estoque, como o setor de compras, o setor de produção e o setor de vendas. Isso evita duplicações de registros e garante que as informações estejam sempre atualizadas.

7. Padronização de Processos: Estabeleça procedimentos padronizados para o registro de entrada e saída de produtos. Isso ajuda a evitar erros e simplifica a tarefa de controle.

8. Treinamento da Equipe: Capacite a equipe responsável pelo controle de estoque para garantir que todos entendam os procedimentos corretos de registro e estejam familiarizados com o sistema utilizado.

Um controle eficiente de entrada e saída de produtos permite que a empresa tenha uma visão clara e atualizada do seu estoque, evitando faltas ou excessos e contribuindo para uma gestão mais eficiente dos recursos da empresa.

- Classificação dos itens em estoque:

A classificação dos itens em estoque é uma prática importante na gestão de estoques, pois permite priorizar a atenção e os esforços da equipe em relação aos itens mais relevantes para o funcionamento da empresa. Existem várias técnicas de classificação, sendo uma das mais conhecidas a análise ABC, que classifica os itens com base em sua importância em relação ao valor ou à quantidade em estoque. A seguir, detalho a análise ABC e outras técnicas de classificação de itens em estoque:

1. Análise ABC: A análise ABC classifica os itens em três categorias, com base no valor de consumo ou vendas dos produtos. Os itens são divididos da seguinte forma:

   - Classe A: Itens de alto valor (ou volume de vendas), geralmente representando uma pequena porcentagem dos itens, mas uma grande parte do valor total.

   - Classe B: Itens de valor intermediário, com uma porcentagem intermediária do valor total.

   - Classe C: Itens de baixo valor (ou volume de vendas), representando muitos itens, mas uma pequena porcentagem do valor total.

2. Análise XYZ: A análise XYZ classifica os itens com base na previsibilidade da demanda. Os itens são divididos da seguinte forma:

   - Classe X: Itens com demanda altamente previsível.

   - Classe Y: Itens com demanda moderadamente previsível.

- Classe Z: Itens com demanda imprevisível ou sazonal.

3. Análise VED: Essa análise classifica os itens com base na criticidade para o funcionamento do negócio, ou seja, a importância do item para a produção ou venda. Os itens são divididos da seguinte forma:

- Classe V: Itens vitais, cuja falta pode levar a grandes impactos no funcionamento da empresa.

- Classe E: Itens essenciais, cuja falta pode causar problemas, mas não com o mesmo impacto que os itens vitais.

- Classe D: Itens desejáveis, cuja falta não causa grandes problemas operacionais.

4. Análise FSN: Essa análise classifica os itens com base na frequência de uso:

- Classe F: Itens de uso frequente, que são constantemente movimentados no estoque.

- Classe S: Itens de uso sazonal, com movimentação em determinados períodos do ano.

- Classe N: Itens de uso ocasional, com movimentação rara.

A classificação dos itens em estoque ajuda a direcionar o foco da equipe para os itens mais importantes e a tomar decisões mais eficazes em relação ao gerenciamento de estoque. Com base na classificação, a empresa pode implementar estratégias específicas para cada categoria, como ajustar os níveis de estoque, planejar compras com mais antecedência para itens sazonais ou priorizar o controle rigoroso para os itens vitais.

A avaliação do giro do estoque é uma métrica importante na gestão de estoques que mede a eficiência com que os produtos são movimentados e vendidos ao longo de um determinado período de tempo. O giro de estoque é calculado dividindo o Custo dos Produtos Vendidos (CPV) pela média do valor do estoque em um determinado período. Essa métrica fornece insights sobre a rapidez com que o estoque é renovado e ajuda a identificar possíveis problemas na gestão de estoque. A seguir, apresento como calcular e interpretar o giro do estoque:

Fórmula do Giro de Estoque:

Giro do Estoque = Custo dos Produtos Vendidos (CPV) / Média do Valor do Estoque

Passos para calcular o Giro de Estoque:

1. Calcule o Custo dos Produtos Vendidos (CPV): O CPV é o total de custos relacionados à produção ou compra dos produtos vendidos durante o período em análise. Inclui custos diretos de produção, custos de aquisição de mercadorias e outros custos associados à venda dos produtos.

2. Determine a Média do Valor do Estoque: Some o valor do estoque inicial no início do período ao valor do estoque final no final do período e divida por 2 para obter a média do valor do estoque.

3. Divida o CPV pela Média do Valor do Estoque: Divida o valor do CPV pela média do valor do estoque para calcular o giro de estoque.

Interpretação do Giro de Estoque:

- Um giro de estoque alto indica que os produtos estão sendo vendidos rapidamente, o que é positivo, pois reduz a necessidade de capital investido em estoque e pode indicar boa aceitação dos produtos no mercado.

- Um giro de estoque baixo pode indicar problemas, como excesso de estoque, obsolescência de produtos ou baixa demanda. Isso pode levar a custos adicionais de armazenamento e risco de produtos ficarem obsoletos.

- A interpretação do giro de estoque deve ser feita considerando a natureza do negócio e do setor. Algumas indústrias podem naturalmente ter um giro de estoque mais lento, enquanto outras devem ter um giro mais rápido devido à sazonalidade ou à natureza dos produtos.

- É essencial comparar o giro de estoque ao longo do tempo e em relação a padrões do setor para entender melhor o desempenho da empresa.

O giro de estoque é uma métrica importante para a tomada de decisões em relação à gestão de estoque e pode ajudar a empresa a otimizar seus recursos, melhorar o atendimento ao cliente e maximizar a lucratividade.

- Implementação de técnicas de controle de estoque:

A implementação de técnicas de controle de estoque é fundamental para garantir uma gestão eficiente dos materiais e produtos em uma empresa. Aqui estão algumas etapas para implementar essas técnicas:

1. Avaliação da Situação Atual: Inicie com uma análise detalhada do estoque atual da empresa. Verifique o nível de estoque, a demanda histórica, a rotatividade, os custos associados e quaisquer problemas identificados.

2. Definição de Metas e Indicadores: Estabeleça metas claras para o controle de estoque, como redução dos níveis de estoque obsoleto, aumento do giro de estoque ou redução de custos de armazenamento. Crie indicadores de desempenho (KPIs) para medir o progresso em direção a essas metas.

3. Classificação ABC: Utilize a análise ABC para classificar os itens em estoque de acordo com sua importância em termos de valor ou demanda. Concentre esforços e recursos nos itens mais críticos (classe A) e gerencie os itens de menor relevância de forma mais simples.

4. Implementação de Sistema de Controle: Adote um sistema de controle de estoque adequado, seja por meio de planilhas, software de gestão de estoque ou um sistema de inventário automatizado.

5. Estabelecimento de Estoques Mínimos e Máximos: Defina os níveis ideais de estoque mínimo e máximo para cada item, levando em consideração a demanda, o tempo de reposição e o espaço disponível para armazenamento.

6. Controle de Compras: Implemente um processo eficiente de controle de compras, baseado em previsões de demanda, histórico de vendas e tempo de entrega dos fornecedores.

7. Controle de Recebimento e Expedição: Garanta que o processo de recebimento de materiais e produtos seja rigoroso para evitar erros e garantir a qualidade do estoque. Controle a expedição para evitar extravios ou erros de saída.

8. Monitoramento Contínuo: Acompanhe regularmente os indicadores de desempenho e os níveis de estoque. Faça análises

periódicas para identificar oportunidades de melhoria e ajustar as estratégias conforme necessário.

9. Capacitação da Equipe: Capacite a equipe responsável pelo controle de estoque, fornecendo treinamento adequado sobre as técnicas e procedimentos de controle.

10. Colaboração entre Departamentos: Promova a colaboração entre os diferentes setores da empresa, como compras, vendas, produção e logística, para garantir a sincronização das informações e evitar falhas de comunicação.

A implementação de técnicas de controle de estoque é um processo contínuo, que requer monitoramento e ajustes ao longo do tempo. Com uma gestão eficiente de estoque, a empresa pode evitar custos desnecessários, garantir a disponibilidade dos produtos aos clientes e otimizar seus recursos.

- Inventario:

O inventário de estoque é uma atividade essencial na gestão de estoques de uma empresa. Trata-se de uma contagem física e detalhada de todos os itens armazenados em um determinado momento, com o objetivo de verificar a exatidão dos registros contábeis e garantir que as quantidades físicas correspondam às quantidades registradas no sistema de controle de estoque. O inventário de estoque pode ser feito de forma periódica ou ocasional, dependendo das necessidades e das práticas da empresa. Aqui estão os passos para realizar um inventário de estoque eficiente:

1. Planejamento: Antes de iniciar o inventário, é importante fazer um planejamento detalhado. Determine a data e a hora do inventário, mobilize a equipe responsável, estabeleça os locais de

contagem, e forneça o material necessário, como planilhas ou dispositivos de leitura de código de barras.

2. Comunicação: Informe a todos os colaboradores envolvidos sobre a data e hora do inventário, para garantir que todos os itens estejam disponíveis para contagem.

3. Preparação do Local: Organize o local do inventário para que a contagem seja mais fácil e precisa. Verifique se não há itens escondidos ou fora do lugar, e garanta que todos os itens estejam acessíveis.

4. Contagem Física: Realize a contagem física dos itens conforme o planejado. É importante ser preciso e registrar cada item contado, seja manualmente ou com o auxílio de dispositivos eletrônicos, como leitores de código de barras.

5. Registro dos Resultados: Registre os resultados da contagem em um formulário, planilha ou no sistema de gestão de estoque da empresa. Verifique se os registros estão corretos e atualize qualquer discrepância encontrada.

6. Análise de Diferenças: Compare os resultados do inventário com os registros contábeis e identifique eventuais diferenças. Se houver divergências significativas, investigue as causas e corrija os registros.

7. Atualização do Sistema: Após a conclusão do inventário, atualize o sistema de controle de estoque com as informações corretas. Certifique-se de que todos os ajustes necessários sejam feitos.

8. Relatório de Inventário: Elabore um relatório de inventário detalhado, destacando as diferenças encontradas, as causas das

discrepâncias e as ações corretivas tomadas.

9. Análise de Resultados: Analise os resultados do inventário e utilize as informações obtidas para melhorar a gestão de estoque da empresa. Identifique padrões e tendências que podem ajudar a otimizar os processos.

10. Monitoramento Contínuo: O inventário de estoque deve ser uma atividade contínua, realizada em intervalos regulares. Acompanhe o desempenho do estoque ao longo do tempo e faça ajustes sempre que necessário.

O inventário de estoque é uma prática fundamental para manter a acurácia dos registros contábeis e garantir que a empresa tenha uma visão precisa e atualizada de seu estoque. Além disso, é uma oportunidade de identificar problemas e implementar melhorias na gestão de estoque.

- Gestão de fornecedores:

A gestão de fornecedores é uma atividade importante para o bom funcionamento de qualquer empresa. Ela envolve o planejamento, a seleção, a avaliação e o desenvolvimento dos fornecedores, com o objetivo de garantir o fornecimento de materiais e serviços de qualidade, no prazo correto e a preços competitivos. Aqui estão algumas práticas fundamentais para uma eficiente gestão de fornecedores:

1. Mapeamento e Categorização: Identifique todos os fornecedores que a empresa utiliza e categorize-os de acordo com a importância, o volume de compras e o risco associado. Isso ajuda a priorizar os esforços de gestão.

2. Critérios de Seleção: Estabeleça critérios claros para selecionar

novos fornecedores. Avalie aspectos como qualidade do produto ou serviço, prazo de entrega, capacidade de fornecimento, reputação no mercado e capacidade financeira.

3. Contratos e Acordos: Formalize os termos e condições da relação com os fornecedores por meio de contratos ou acordos comerciais. Certifique-se de que os termos estejam claros e abordem questões como prazos, preços, garantias, penalidades e responsabilidades.

4. Desenvolvimento de Parcerias: Procure desenvolver parcerias de longo prazo com fornecedores estratégicos. Relacionamentos estáveis e confiáveis tendem a gerar melhores resultados para ambas as partes.

5. Monitoramento de Desempenho: Estabeleça indicadores-chave de desempenho (KPIs) para avaliar o desempenho dos fornecedores. Acompanhe regularmente os resultados e forneça feedback para que possam melhorar continuamente.

6. Auditorias e Avaliações: Realize auditorias e avaliações periódicas dos fornecedores, tanto no aspecto operacional quanto na conformidade com requisitos legais e normas de qualidade.

7. Diversificação de Fornecedores: Evite depender excessivamente de um único fornecedor para evitar riscos de desabastecimento. Diversificar os fornecedores pode trazer mais segurança para a empresa.

8. Gestão de Riscos: Identifique e avalie os riscos relacionados aos fornecedores, como instabilidade financeira, problemas de qualidade ou práticas inadequadas. Desenvolva planos de contingência para mitigar esses riscos.

9. Feedback e Comunicação: Mantenha uma comunicação aberta com os fornecedores, compartilhando informações relevantes e ouvindo suas preocupações. O feedback mútuo é essencial para uma relação de parceria saudável.

10. Busca por Melhorias: Incentive os fornecedores a melhorar seus processos e produtos, oferecendo sugestões e colaborando no desenvolvimento conjunto de soluções.

A gestão de fornecedores é um processo contínuo que requer dedicação e atenção por parte da empresa. Ao adotar práticas eficientes de gestão de fornecedores, a empresa pode obter vantagens competitivas, como maior qualidade dos produtos, entregas mais confiáveis e redução de custos. Além disso, a construção de relacionamentos sólidos com fornecedores pode fortalecer a imagem e a reputação da empresa no mercado.

- Avaliação de desemprenho:

A avaliação de desempenho é um processo sistemático de análise e feedback sobre o desempenho individual dos colaboradores em relação aos objetivos e competências estabelecidos pela empresa. Essa prática é fundamental para o desenvolvimento dos colaboradores, o aprimoramento da produtividade e a obtenção de melhores resultados organizacionais. Aqui estão algumas etapas importantes para realizar uma avaliação de desempenho eficaz:

1. Estabelecimento de Objetivos e Expectativas: Defina claramente os objetivos e expectativas de desempenho para cada colaborador. Esses objetivos devem estar alinhados com os objetivos estratégicos da empresa e serem mensuráveis.

2. Escolha dos Critérios de Avaliação: Determine os critérios que serão utilizados para avaliar o desempenho dos colaboradores. Isso pode incluir metas alcançadas, competências comportamentais, habilidades técnicas, iniciativa, trabalho em equipe, entre outros.

3. Definição de Frequência: Estabeleça a frequência das avaliações de desempenho. Elas podem ser realizadas anualmente, semestralmente ou trimestralmente, dependendo da cultura da empresa e da natureza das atividades.

4. Coleta de Dados: Recolha informações relevantes para a avaliação de desempenho, como dados de desempenho quantitativos, feedback de clientes ou colegas, autoavaliação do colaborador e registros de treinamentos realizados.

5. Entrevista de Avaliação: Realize entrevistas de avaliação individual com cada colaborador. Nessa conversa, forneça feedback construtivo sobre o desempenho do colaborador, destacando pontos fortes e oportunidades de melhoria.

6. Foco no Desenvolvimento: Utilize a avaliação de desempenho como uma oportunidade para discutir o desenvolvimento do colaborador. Identifique as necessidades de capacitação e crie um plano de desenvolvimento individual.

7. Registro e Acompanhamento: Registre as avaliações de desempenho e acompanhe o progresso ao longo do tempo. Utilize os registros como base para a tomada de decisões sobre promoções, aumento de salário e planos de sucessão.

8. Feedback Contínuo: Encoraje uma cultura de feedback contínuo, onde os colaboradores recebam retorno sobre seu

desempenho regularmente, não apenas durante as avaliações formais.

9. Confidencialidade e Imparcialidade: Assegure-se de que o processo de avaliação de desempenho seja conduzido de forma confidencial e imparcial, evitando qualquer viés ou tratamento injusto.

10. Reconhecimento e Incentivos: Reconheça e recompense o bom desempenho dos colaboradores. Incentivos e reconhecimento positivo podem motivar a equipe e aumentar a satisfação no trabalho.

Uma avaliação de desempenho bem planejada e bem conduzida é uma ferramenta poderosa para o desenvolvimento de talentos, aprimoramento das habilidades e alcance de resultados organizacionais mais sólidos. Além disso, contribui para o engajamento dos colaboradores e o fortalecimento do ambiente de trabalho.

CAPITULO 2
DESDOBRAMENTO
DOS TÓPICOS2

- Categorização:

A categorização é o processo de classificar itens, informações ou pessoas em grupos ou categorias com base em características específicas ou critérios predefinidos. Essa prática é amplamente utilizada em diversos contextos, incluindo gestão de empresas, organização de informações, análise de dados, entre outros. A categorização pode facilitar a compreensão, a organização e a tomada de decisões mais eficientes. Aqui estão alguns exemplos de categorização em diferentes áreas:

1. Gestão de Estoque: Na gestão de estoque, a categorização é usada para classificar os itens em diferentes grupos com base em sua importância, valor, demanda, sazonalidade ou velocidade de movimentação. A análise ABC é uma técnica comum de categorização usada para classificar os itens em estoque em três grupos: A (alto valor ou demanda), B (valor intermediário) e C (baixo valor ou demanda).

2. Marketing: No marketing, a categorização é usada para segmentar o mercado em grupos com características e

necessidades semelhantes. Por exemplo, um e-commerce pode categorizar seus produtos em diferentes seções, como moda, eletrônicos, beleza, etc., para facilitar a navegação e a busca do cliente.

3. Análise de Dados: Na análise de dados, a categorização é usada para agrupar informações similares em categorias para facilitar a compreensão e a interpretação dos dados. Por exemplo, em uma pesquisa de satisfação do cliente, as respostas podem ser categorizadas em "muito satisfeito", "satisfeito", "neutro", "insatisfeito" e "muito insatisfeito".

4. Recursos Humanos: No setor de Recursos Humanos, a categorização é usada para classificar os funcionários de acordo com suas habilidades, nível de experiência, departamento em que trabalham, entre outros critérios. Isso pode ajudar no planejamento de treinamentos, na definição de planos de carreira e no desenvolvimento de talentos.

5. Finanças: Na área financeira, a categorização é usada para organizar despesas, receitas e investimentos em diferentes categorias, como folha de pagamento, despesas operacionais, vendas, entre outros. Isso ajuda a ter uma visão clara dos gastos e receitas da empresa.

A categorização pode ser uma ferramenta poderosa para a organização e a análise de informações em diversos contextos. É importante que as categorias sejam bem definidas e que os critérios de classificação sejam relevantes e adequados ao objetivo pretendido. Uma categorização bem feita pode fornecer insights valiosos, facilitar a tomada de decisões e melhorar a eficiência em diversas áreas de uma empresa.

- Layout lógico:

O layout lógico refere-se à estrutura e organização de informações, dados, processos ou sistemas de forma abstrata e independente de recursos físicos ou tecnológicos específicos. É uma representação conceitual dos componentes e interações de um sistema, que pode ser usado para planejamento, modelagem e comunicação entre os envolvidos no desenvolvimento ou gerenciamento de um projeto. Essa abordagem se concentra nas relações e conexões entre os elementos, sem detalhar a implementação física.

Alguns exemplos de aplicação do layout lógico são:

1. Modelagem de Dados: No contexto de bancos de dados, o layout lógico envolve a criação de diagramas e esquemas que representam a estrutura e as relações entre as tabelas e entidades do banco de dados, independentemente do sistema de gerenciamento de banco de dados (SGBD) específico utilizado.

2. Arquitetura de Sistemas: Em projetos de desenvolvimento de sistemas, o layout lógico descreve a organização dos módulos, componentes e funcionalidades do sistema, sem detalhes sobre a linguagem de programação ou plataforma de hardware que será usada.

3. Fluxogramas e Diagramas de Processos: O layout lógico é frequentemente usado para criar fluxogramas e diagramas de processos, que mostram as etapas, decisões e interações em um processo, independentemente da implementação tecnológica.

4. Planejamento de Redes e Comunicação: No contexto de redes

de computadores, o layout lógico envolve o projeto da topologia, protocolos de comunicação e endereçamento IP, sem detalhar os dispositivos de rede físicos.

5. Modelagem de Negócios: No âmbito de projetos de negócios, o layout lógico é usado para representar a estrutura organizacional, hierarquia de cargos, processos e fluxos de informações, independentemente das ferramentas ou sistemas de gestão utilizados.

O layout lógico é uma etapa essencial no desenvolvimento de projetos e sistemas, pois permite uma compreensão clara e consistente dos elementos envolvidos, facilitando a comunicação entre as partes interessadas e fornecendo uma base sólida para a implementação física.

- Identificação e etiquetagem:

A identificação e etiquetagem são processos essenciais para a organização e rastreabilidade de produtos, materiais, documentos e informações em uma empresa. Essas práticas permitem identificar e acompanhar itens de forma clara e eficiente, facilitando o gerenciamento do estoque, a localização de informações e a prevenção de erros. Aqui estão algumas informações sobre a identificação e etiquetagem:

Identificação:

- A identificação é o ato de atribuir um nome, número, código ou outra característica única a um item ou informação. Ela pode ser aplicada a produtos, materiais, equipamentos, documentos, funcionários, entre outros.

Etiquetagem:

- A etiquetagem é o processo de fixar etiquetas ou rótulos nos itens identificados. As etiquetas geralmente contêm informações relevantes sobre o item, como nome, código de barras, número de série, data de fabricação, data de validade, entre outros.

Importância da Identificação e Etiquetagem:

1. Organização: A identificação e etiquetagem ajudam a manter uma organização eficiente, permitindo que os itens sejam facilmente localizados e classificados.

2. Rastreabilidade: Com a identificação adequada, é possível rastrear a origem, a localização e o histórico de um item, o que é essencial para a gestão de estoque, garantia da qualidade e rastreamento de produtos.

3. Redução de Erros: A etiquetagem clara e precisa ajuda a evitar erros em processos, como expedição de produtos, controle de estoque e manuseio de documentos.

4. Eficiência Operacional: Com a identificação e etiquetagem correta, os processos de inventário, produção, logística e distribuição podem ser realizados de forma mais rápida e precisa.

5. Conformidade com Normas e Regulamentos: Em setores regulamentados, como alimentos e medicamentos, a identificação e etiquetagem adequadas são cruciais para atender a requisitos legais e normativos.

6. Comunicação: A etiquetagem pode ser uma forma eficiente de comunicação visual, fornecendo informações importantes aos colaboradores e clientes.

7. Segurança: Em ambientes industriais ou laboratoriais, a identificação e etiquetagem podem ajudar a prevenir acidentes e garantir o uso seguro de materiais e equipamentos.

É importante que a identificação e etiquetagem sejam padronizadas e consistentes em toda a empresa para evitar confusões e problemas na gestão. O uso de códigos de barras e tecnologias de identificação automática, como RFID, também pode melhorar a eficiência do processo. Além disso, as etiquetas devem ser duráveis e resistentes, especialmente em ambientes mais desafiadores, como locais úmidos ou com exposição ao sol.

- Estoque mínimo e máximo:

O estoque mínimo e máximo são conceitos importantes na gestão de estoque de uma empresa, especialmente quando se trata de materiais com demanda flutuante ou incerta. Eles representam as quantidades mínimas e máximas que devem ser mantidas em estoque para garantir que a empresa esteja preparada para atender à demanda dos clientes sem sofrer com falta ou excesso de produtos. Vamos entender melhor cada um deles:

Estoque Mínimo:

- O estoque mínimo é a quantidade mínima de um determinado produto que a empresa precisa manter em estoque para evitar a falta do item em momentos de alta demanda ou atrasos na reposição do estoque. É uma espécie de reserva de segurança que permite atender aos clientes mesmo em situações imprevistas, como atrasos nas entregas ou aumento repentino da demanda.

Estoque Máximo:

- O estoque máximo, por sua vez, é a quantidade máxima de

um produto que a empresa está disposta a manter em estoque. Esse limite é estabelecido para evitar o acúmulo excessivo de produtos que possam se tornar obsoletos ou que ocupem espaço e capital que poderiam ser melhor utilizados em outros investimentos.

A diferença entre o estoque máximo e o estoque mínimo é conhecida como lote de compra ou lote de reposição, ou seja, a quantidade de produtos que serão comprados ou produzidos para repor o estoque até o limite máximo.

O cálculo do estoque mínimo e máximo geralmente leva em consideração fatores como o tempo de reposição (lead time), a demanda média do produto, a sazonalidade e a variabilidade da demanda. Existem diferentes métodos de cálculo, como o método do ponto de reposição, o método de lote econômico de compra (EOQ) e a utilização de modelos estatísticos, dependendo da complexidade do cenário e dos dados disponíveis.

O estoque mínimo e máximo são importantes para garantir que a empresa tenha um nível adequado de disponibilidade de produtos, evitando prejuízos com faltas ou excessos de estoque. A definição correta desses limites pode contribuir para uma gestão eficiente do estoque, reduzindo custos e melhorando o atendimento aos clientes.

- Sistema de controle de estoque:

Um sistema de controle de estoque é uma ferramenta ou software utilizado para monitorar e gerenciar os níveis de estoque de uma empresa de forma eficiente. Esse sistema permite acompanhar as quantidades de produtos em estoque, as movimentações de entrada e saída, o histórico de compras e vendas, além de oferecer informações importantes para a tomada de decisões relacionadas à gestão de estoque. Um sistema de controle de estoque bem implementado pode trazer diversos benefícios, como:

1. Visão em tempo real: O sistema proporciona uma visão atualizada do estoque, permitindo que os gestores saibam exatamente quais produtos estão disponíveis e quais precisam ser reabastecidos.

2. Redução de custos: Com um controle mais eficiente do estoque, é possível evitar a falta ou o excesso de produtos, reduzindo custos relacionados ao armazenamento e desperdícios.

3. Melhoria no atendimento ao cliente: Ao manter níveis adequados de estoque, a empresa consegue atender à demanda dos clientes de forma mais rápida e eficiente.

4. Planejamento de compras: Com base nos dados do sistema, é possível realizar um planejamento mais preciso das compras, garantindo que os produtos sejam adquiridos na quantidade e momento adequados.

5. Identificação de produtos obsoletos: O sistema pode ajudar a identificar produtos parados no estoque por muito tempo, possibilitando ações para reduzir perdas.

6. Análise de desempenho: O sistema gera relatórios e indicadores que permitem uma análise do desempenho do estoque ao longo do tempo, identificando tendências e oportunidades de melhoria.

7. Integração com outras áreas: Um sistema de controle de

estoque pode ser integrado a outros sistemas da empresa, como o de vendas e o de compras, facilitando o fluxo de informações e o planejamento estratégico.

Existem diversos tipos de sistemas de controle de estoque disponíveis no mercado, desde soluções simples e manuais até sistemas informatizados e mais complexos, como os sistemas de gestão empresarial (ERP). A escolha do sistema mais adequado depende das necessidades específicas da empresa, do porte do negócio e do orçamento disponível. Independentemente do sistema escolhido, é importante que ele seja de fácil utilização, confiável e ofereça recursos que atendam às demandas da empresa em relação ao controle de estoque.

- Instruções de armazenamento:

As instruções de armazenamento são diretrizes e procedimentos que orientam como os produtos, materiais ou itens devem ser armazenados de forma adequada, segura e organizada. Essas instruções são essenciais para garantir a preservação da qualidade dos produtos, a otimização do espaço do estoque e a facilitação do acesso aos itens quando necessário. Aqui estão algumas orientações que podem ser incluídas nas instruções de armazenamento:

1. Localização: Indicar a área específica ou prateleira onde cada tipo de produto deve ser armazenado. É importante que essa organização seja clara e seguida por todos os colaboradores para facilitar a localização dos itens.

2. Empilhamento: Especificar se os produtos podem ser empilhados, e, caso positivo, qual é a altura máxima permitida. Isso é importante para evitar danos aos produtos na pilha e garantir a segurança dos colaboradores.

3. Temperatura e Umidade: Para produtos sensíveis a condições ambientais, como alimentos, medicamentos ou materiais eletrônicos, é essencial indicar a faixa de temperatura e umidade em que devem ser armazenados.

4. Peso Máximo por Prateleira: Caso exista um limite de peso suportado pelas prateleiras, é importante informá-lo para evitar sobrecarga e riscos de acidentes.

5. Manuseio Adequado: Instruções sobre como manusear corretamente os produtos, especialmente itens frágeis ou que requerem cuidados especiais, para evitar danos durante o processo de armazenamento.

6. Controle de Validade: Indicar a necessidade de realizar o controle de validade dos produtos e estabelecer um sistema para garantir que os itens mais antigos sejam utilizados antes dos mais novos (FIFO - First In, First Out).

7. Acesso Restrito: Se aplicável, definir quais produtos exigem acesso restrito e quais colaboradores têm permissão para manuseá-los.

8. Etiquetagem: Estabelecer regras para a etiquetagem dos produtos, como a identificação do código, lote ou data de entrada no estoque.

9. Cuidados Especiais: Informar sobre quaisquer cuidados especiais que devam ser tomados com determinados produtos, como embalagem adicional ou armazenamento separado.

10. Segurança: Incluir informações sobre práticas de segurança no armazenamento, como uso de equipamentos de proteção

individual (EPIs) ou orientações para manipulação de produtos perigosos.

As instruções de armazenamento devem ser claras, simples e de fácil acesso a todos os colaboradores envolvidos no processo de gestão de estoque. Elas contribuem para a organização eficiente do estoque, a preservação da qualidade dos produtos e a segurança dos colaboradores, além de facilitar o controle e a rastreabilidade das mercadorias em todas as etapas do processo.

- Setorização do estoque:

A setorização do estoque é uma estratégia de organização que consiste em dividir o espaço do armazém ou depósito em setores distintos, cada um destinado a um grupo específico de produtos. Essa abordagem é uma forma eficiente de otimizar o espaço, facilitar a localização dos itens e agilizar os processos de armazenamento, separação e expedição de mercadorias. A seguir, estão algumas vantagens e dicas para implementar a setorização do estoque:

Vantagens da Setorização do Estoque:

1. Melhor Organização: A setorização facilita a organização do estoque, tornando-o mais ordenado e permitindo uma visualização mais clara dos produtos disponíveis.

2. Agilidade no Atendimento: Com os produtos divididos em setores, os colaboradores podem localizar e acessar os itens de forma mais rápida, o que agiliza o atendimento a pedidos de clientes.

3. Redução de Erros: A setorização minimiza as chances de erro na separação dos produtos, pois os itens similares ou relacionados estão agrupados em áreas específicas.

4. Otimização do Espaço: A divisão do estoque em setores permite uma melhor distribuição dos produtos no espaço disponível, aproveitando de forma eficiente o layout do armazém.

5. Facilitação do Inventário: Durante o inventário ou contagem física, a setorização torna o processo mais organizado, possibilitando a realização do controle por setores em etapas, se necessário.

Dicas para Implementar a Setorização do Estoque:

1. Classificação dos Produtos: Antes de iniciar a setorização, é fundamental classificar os produtos em grupos homogêneos com base em suas características, demanda, frequência de movimentação, tamanho, ou qualquer outro critério relevante para a operação.

2. Definição dos Setores: Com base na classificação dos produtos, defina os setores do estoque e identifique claramente cada um deles. Use etiquetas, placas ou sinalização para indicar os limites de cada setor.

3. Roteamento Eficiente: Planeje o fluxo de movimentação no estoque de forma que os colaboradores possam acessar os setores de forma lógica e otimizada, minimizando deslocamentos desnecessários.

4. Etiquetagem e Identificação: Cada produto deve ser adequadamente etiquetado com informações como nome, código, lote e outras informações relevantes para facilitar a identificação e rastreabilidade.

5. Treinamento dos Colaboradores: Certifique-se de que todos os colaboradores envolvidos na operação estejam treinados e conscientes da setorização e das práticas de organização do estoque.

6. Monitoramento e Ajustes: Faça monitoramentos periódicos da eficiência da setorização e faça ajustes conforme necessário para garantir que o sistema esteja atendendo às necessidades da empresa.

A setorização do estoque pode ser uma estratégia altamente eficiente para melhorar a organização e a gestão dos produtos armazenados, tornando o fluxo de trabalho mais ágil e contribuindo para o sucesso das operações logísticas da empresa.

- Limpeza e organização:

A limpeza e organização do estoque são aspectos fundamentais para garantir a eficiência operacional, a preservação dos produtos e a segurança dos colaboradores. Um estoque limpo e bem organizado facilita a localização dos itens, reduz o tempo de movimentação e aumenta a produtividade da equipe. Abaixo estão algumas diretrizes para manter a limpeza e organização do estoque:

1. Estabeleça Rotinas de Limpeza: Defina rotinas regulares de limpeza do estoque, que incluam varrer o chão, retirar poeira das prateleiras e manter os corredores livres de obstruções.

2. Utilize Etiquetas e Identificações: Etiquete corretamente cada prateleira, caixa ou palete com informações sobre os produtos armazenados, como nome, código, lote, data de entrada, entre

outras informações relevantes.

3. Separe Produtos por Categoria: Agrupe os produtos por categoria ou tipo, mantendo os itens similares próximos uns dos outros. Isso facilita a localização dos itens e evita misturar produtos diferentes.

4. Utilize Prateleiras e Organizadores: Utilize prateleiras e organizadores apropriados para manter os produtos devidamente dispostos. Isso ajuda a evitar empilhamento excessivo e danos aos produtos.

5. Adote o Sistema FIFO: Priorize a utilização do método "FIFO" (First In, First Out), em que os produtos mais antigos são utilizados ou vendidos primeiro, para evitar a obsolescência de itens no estoque.

6. Verifique a Validade dos Produtos: Faça regularmente a verificação da validade dos produtos armazenados e faça o descarte adequado daqueles que estão vencidos.

7. Implemente Sinalização e Mapas: Utilize placas ou mapas do estoque para indicar os setores e prateleiras, auxiliando na orientação dos colaboradores.

8. Treine a Equipe: Capacite a equipe para manter a organização e limpeza do estoque, reforçando a importância dessas práticas para a eficiência e segurança das operações.

9. Mantenha Corredores Desobstruídos: Evite a obstrução dos corredores do estoque com produtos ou embalagens, garantindo um espaço livre e seguro para a circulação dos colaboradores.

10. Verifique Regularmente: Faça inspeções periódicas para verificar a organização e limpeza do estoque, corrigindo possíveis desvios ou problemas identificados.

A manutenção da limpeza e organização do estoque deve ser uma prática constante, e todos os colaboradores devem estar engajados nesse processo. Uma gestão eficiente do estoque, aliada a uma cultura de organização e limpeza, contribui para o bom funcionamento das operações logísticas e para a satisfação dos clientes da empresa.

- Treinamento das equipes:

O treinamento das equipes que atuam no estoque é fundamental para garantir uma operação eficiente, segura e organizada. Investir em capacitação adequada contribui para que os colaboradores estejam preparados para lidar com os desafios do dia a dia, promove o aumento da produtividade e reduz a ocorrência de erros e acidentes. Abaixo estão algumas etapas importantes para realizar um treinamento efetivo para as equipes do estoque:

1. Identifique as Necessidades de Treinamento: Antes de iniciar o treinamento, é importante avaliar as necessidades específicas da equipe de estoque. Isso pode incluir habilidades técnicas, conhecimento de processos, segurança, normas de organização e controle de estoque.

2. Elabore um Plano de Treinamento: Com base nas necessidades identificadas, desenvolva um plano de treinamento que aborde todos os aspectos relevantes para o desempenho das funções no estoque. Defina os tópicos, o formato (presencial, online, misto), a duração e as metodologias de ensino.

3. Escolha Instrutores Qualificados: Certifique-se de que os instrutores sejam especialistas no assunto e possuam experiência na área de estoque. Instrutores qualificados transmitem o conhecimento de forma mais eficaz.

4. Treinamento Teórico: Forneça aos colaboradores informações teóricas sobre os processos de estoque, normas de segurança, organização e gestão de produtos, sistemas de controle e outras práticas relevantes.

5. Treinamento Prático: Inclua treinamentos práticos para que os colaboradores possam aplicar os conceitos aprendidos em situações reais do estoque. Isso pode incluir simulações, exercícios e atividades práticas no ambiente de trabalho.

6. Foco na Segurança: Dê ênfase à segurança no estoque, explicando os procedimentos corretos para a movimentação de cargas, o uso de equipamentos de proteção individual (EPIs) e outras práticas que garantam a integridade física dos colaboradores.

7. Incentive o Aprendizado Contínuo: Estimule o aprendizado contínuo por meio de cursos, workshops e materiais de apoio. Manter a equipe atualizada em relação às melhores práticas e novas tecnologias é essencial para uma operação bem-sucedida.

8. Avalie o Desempenho: Realize avaliações periódicas para verificar o desempenho da equipe após o treinamento. Identifique oportunidades de melhoria e forneça feedback para o aprimoramento contínuo.

9. Incentive a Colaboração: Promova um ambiente de trabalho colaborativo, onde os colaboradores possam compartilhar

conhecimentos e experiências para enriquecer o aprendizado de todos.

10. Reconhecimento e Incentivo: Valorize o esforço dos colaboradores em participar do treinamento e colocar em prática o que aprenderam. Reconhecimento e incentivos podem estimular a busca por novos conhecimentos.

O treinamento adequado das equipes de estoque é um investimento que traz retornos significativos para a empresa, contribuindo para a melhoria da eficiência operacional, a redução de erros e a satisfação dos colaboradores.

- Auditorias periódicas:

As auditorias periódicas são processos de verificação e avaliação realizados regularmente por uma equipe interna ou externa à empresa, com o objetivo de examinar e analisar a conformidade, eficácia e eficiência das operações e práticas da organização. Essas auditorias têm como objetivo identificar possíveis problemas, oportunidades de melhoria e garantir que a empresa esteja seguindo normas, políticas e regulamentos estabelecidos. Abaixo estão alguns aspectos importantes relacionados às auditorias periódicas:

1. Planejamento da Auditoria: Antes de iniciar a auditoria, é essencial realizar um planejamento detalhado, definindo os objetivos, escopo, critérios de avaliação, equipe responsável e cronograma de execução.

2. Reuniões de Abertura: Inicie a auditoria com uma reunião de abertura, onde os objetivos da auditoria são apresentados à equipe auditada. Isso ajuda a esclarecer dúvidas e estabelecer uma comunicação aberta entre a equipe de auditoria e os

colaboradores da empresa.

3. Coleta de Evidências: Durante a auditoria, a equipe de auditoria coleta evidências documentais e realiza entrevistas com os responsáveis pelos processos auditados para verificar a conformidade com as normas, políticas e procedimentos.

4. Análise dos Resultados: Após a coleta de evidências, a equipe de auditoria analisa os dados e informações obtidos, comparando-os com os critérios de avaliação estabelecidos. Isso permite identificar não conformidades e oportunidades de melhoria.

5. Relatório de Auditoria: Com base na análise dos resultados, é elaborado um relatório de auditoria, que contém as constatações, recomendações e planos de ação corretiva para resolver as não conformidades encontradas.

6. Reuniões de Encerramento: Finalizada a auditoria, é realizada uma reunião de encerramento para apresentar os resultados e recomendações à equipe auditada. Nessa reunião, podem ser discutidos os planos de ação e o comprometimento da gestão em implementar as melhorias.

7. Implementação das Ações Corretivas: A equipe auditada deve implementar as ações corretivas necessárias para resolver as não conformidades identificadas. Acompanhamento rigoroso é importante para garantir que as ações sejam eficazes.

8. Acompanhamento e Melhoria Contínua: Após a auditoria, é importante realizar acompanhamentos periódicos para verificar se as ações corretivas foram efetivas e se a empresa continua aderindo às práticas recomendadas. Além disso, as auditorias periódicas promovem a cultura de melhoria contínua na

empresa.

As auditorias periódicas desempenham um papel fundamental na garantia da qualidade, conformidade e eficiência das operações de uma empresa. Elas proporcionam uma visão objetiva e imparcial dos processos internos, permitindo que a gestão tome decisões informadas para o aprimoramento contínuo dos negócios.

POR DENTRO DE CADA PROCESSO

Agora vamos entender como fazer e o que é cada item das listas anteriores.

Média móvel simples:

A média móvel simples é uma técnica estatística amplamente utilizada para prever a demanda futura com base em dados históricos. Essa técnica envolve o cálculo da média aritmética dos valores passados para criar uma tendência e estimar o comportamento futuro da demanda. O processo de previsão de demanda usando a média móvel simples consiste nos seguintes passos:

1. Coleta de Dados: Primeiramente, é necessário coletar os dados históricos de demanda ao longo de um período relevante, que pode ser mensal, trimestral, anual, etc.

2. Escolha do Período de Média: Defina o período de média móvel que será utilizado na previsão. Por exemplo, se você escolher uma média móvel de 3 meses, a demanda futura será estimada com base na média dos últimos 3 meses.

3. Cálculo da Média Móvel: Para cada período futuro, calcule a média dos últimos valores de demanda correspondentes ao

período de média escolhido. Por exemplo, para prever a demanda do próximo mês usando uma média móvel de 3 meses, some as demandas dos últimos 3 meses e divida por 3.

4. Aplicação da Previsão: Utilize os valores calculados na etapa anterior como a previsão da demanda para os períodos futuros.

5. Avaliação e Ajustes: Monitore a precisão das previsões e faça ajustes no período de média móvel conforme necessário. Dependendo da variabilidade da demanda, você pode experimentar diferentes períodos de média para obter uma previsão mais precisa.

É importante destacar que a média móvel simples é mais adequada para prever demandas com padrões de variação relativamente estáveis ao longo do tempo. Se a demanda apresentar variações sazonais ou tendências de crescimento ou declínio mais complexas, outras técnicas de previsão, como a média móvel ponderada ou modelos de séries temporais, podem ser mais apropriadas.

Além disso, a média móvel simples é uma técnica de previsão ingênua, pois assume que os padrões passados se repetirão no futuro. Portanto, é importante considerar também outros fatores, como eventos sazonais, mudanças no mercado ou influências externas, para obter previsões mais precisas e confiáveis.

Média móvel ponderada:

A média móvel ponderada é uma técnica de previsão de demanda que também utiliza dados históricos, assim como a média móvel simples. A principal diferença é que a média móvel ponderada atribui pesos diferentes aos valores passados, dando maior importância aos dados mais recentes. Isso permite que a média móvel ponderada seja mais sensível a mudanças recentes na demanda e ajude a capturar melhor tendências ou padrões emergentes.

O cálculo da média móvel ponderada é realizado em quatro etapas:

1. Coleta de Dados: Assim como na média móvel simples, é necessário coletar os dados históricos de demanda ao longo de um período relevante.

2. Escolha dos Pesos: Determine os pesos que serão atribuídos a cada período de demanda histórica. Os pesos podem ser escolhidos com base em critérios específicos, como experiência, intuição ou análise dos padrões de demanda.

3. Cálculo da Média Ponderada: Para cada período futuro, calcule a média ponderada dos últimos valores de demanda, multiplicando cada valor pelo peso correspondente e, em seguida, somando-os. Divida a soma pelo total dos pesos utilizados para obter a média móvel ponderada.

4. Aplicação da Previsão: Utilize os valores calculados na etapa anterior como a previsão da demanda para os períodos futuros.

A fórmula geral para o cálculo da média móvel ponderada é:

Média Móvel Ponderada = (Peso1 * Demanda1 + Peso2 * Demanda2 + ... + PesoN * DemandaN) / (Peso1 + Peso2 + ... + PesoN)

A média móvel ponderada é mais flexível do que a média móvel simples, pois permite ajustar o grau de importância dos dados históricos conforme a relevância de cada período. No entanto, assim como a média móvel simples, a média móvel ponderada também é uma técnica de previsão ingênua e assume que os padrões passados se repetirão no futuro. Portanto, é importante complementar a análise com outras técnicas de previsão e considerar outros fatores que possam influenciar a demanda.

Método do ultimo período:

O método do último período é uma técnica simples de previsão de demanda que consiste em utilizar o valor da demanda mais recente como previsão para o próximo período. Essa abordagem é uma das formas mais básicas e ingênuas de previsão, pois assume que a demanda futura será igual à demanda observada no último período.

O método do último período é aplicado da seguinte maneira:

1. Coleta de Dados: Obtenha os dados históricos de demanda ao longo do tempo.

2. Identificação do Último Período: Identifique o último período registrado nos dados históricos.

3. Previsão da Demanda: Utilize o valor de demanda desse último período como a previsão para o próximo período.

Por exemplo, se os dados históricos mostram que a demanda para o último mês foi de 100 unidades, o método do último período prevê que a demanda para o próximo mês também será de 100 unidades.

Embora o método do último período seja extremamente simples e fácil de aplicar, ele possui várias limitações e não é adequado para previsões de longo prazo ou quando há variações significativas na demanda ao longo do tempo. Além disso, essa técnica não leva em consideração tendências, sazonalidades ou fatores externos que possam afetar a demanda.

Por essas razões, o método do último período é mais apropriado em situações em que não há mudanças significativas na demanda ao longo do tempo e quando a previsão precisa ser feita rapidamente, sem necessidade de análises complexas ou históricos mais extensos. Para previsões mais precisas e confiáveis, é recomendado o uso de técnicas mais avançadas, como médias móveis, médias ponderadas, modelos de séries temporais ou métodos estatísticos mais sofisticados.

Análise de Tendências:

A análise de tendências é uma técnica estatística utilizada para identificar padrões ou comportamentos de longo prazo em um conjunto de dados ao longo do tempo. Essa análise é importante para prever possíveis mudanças futuras e tomar decisões estratégicas com base nas informações obtidas.

A seguir, estão os passos para realizar uma análise de tendências:

1. Coleta de Dados: O primeiro passo é coletar os dados relevantes que serão analisados. Os dados devem ser dispostos em ordem cronológica, com informações sobre a variável de interesse (por exemplo, vendas, produção, demanda) em

diferentes momentos.

2. Gráfico de Linha: O próximo passo é criar um gráfico de linha com os dados coletados, em que o eixo horizontal representa o tempo e o eixo vertical representa os valores da variável de interesse. O gráfico de linha permitirá visualizar a evolução dos dados ao longo do tempo.

3. Identificação de Tendências: Analise o gráfico de linha em busca de padrões ou tendências que possam estar presentes nos dados. As tendências podem ser crescentes (crescimento ao longo do tempo), decrescentes (declínio ao longo do tempo) ou estáveis (sem grandes variações ao longo do tempo).

4. Cálculo de Taxa de Crescimento: Se houver uma tendência de crescimento ou declínio, é possível calcular a taxa de crescimento ou declínio média ao longo do período analisado. Isso ajudará a quantificar o ritmo de mudança da variável de interesse.

5. Análise Estatística: Dependendo da complexidade dos dados e do objetivo da análise, é possível aplicar técnicas estatísticas mais avançadas, como modelos de regressão ou análise de séries temporais, para identificar padrões mais sutis e prever comportamentos futuros com maior precisão.

6. Interpretação e Conclusões: Com base na análise realizada, interprete os resultados e faça conclusões sobre as tendências identificadas. Essas conclusões podem ser usadas para embasar decisões estratégicas ou ajustar as operações da empresa de acordo com as mudanças observadas nos dados.

É importante lembrar que a análise de tendências é uma ferramenta importante, mas deve ser utilizada em conjunto com outras técnicas de previsão e análise de dados para obter resultados mais precisos e confiáveis. Além disso, as tendências identificadas no passado podem não se manter no futuro, por isso é essencial realizar análises contínuas e atualizar as previsões à medida que novos dados são disponibilizados.

Análise de Séries Temporais:

A análise de séries temporais é uma técnica estatística utilizada para analisar dados ao longo do tempo e identificar padrões, tendências e comportamentos que se repetem em intervalos regulares. Essa análise é especialmente útil quando os dados têm uma estrutura temporal clara e a ordem das observações é relevante.

Os principais passos para realizar uma análise de séries temporais são os seguintes:

1. Coleta de Dados: O primeiro passo é coletar os dados ao longo do tempo. Esses dados podem ser relativos a diversos indicadores, como vendas, produção, temperatura, preço de ações, entre outros.

2. Visualização dos Dados: Crie gráficos de linha ou gráficos de dispersão para visualizar a série temporal. Essa visualização ajudará a identificar padrões, tendências e possíveis sazonalidades nos dados.

3. Decomposição: A decomposição da série temporal é uma etapa importante para separar os diferentes componentes que podem estar presentes nos dados. Geralmente, uma série temporal

é composta por três componentes principais: tendência, sazonalidade e ruído aleatório. A decomposição permite identificar cada um desses componentes separadamente.

4. Identificação de Tendências: Com a série temporal decomposta, é possível identificar a tendência de longo prazo dos dados, que indica o crescimento ou declínio ao longo do tempo.

5. Identificação de Sazonalidade: A sazonalidade representa padrões que se repetem em intervalos regulares, como sazonalidade anual, mensal, semanal ou diária. Identificar esses padrões sazonais é importante para entender flutuações regulares nos dados.

6. Modelagem: Com base nas análises anteriores, é possível selecionar um modelo adequado para a série temporal. Modelos de séries temporais, como o modelo ARIMA (AutoRegressive Integrated Moving Average) ou modelos sazonais, podem ser utilizados para fazer previsões futuras e entender o comportamento dos dados ao longo do tempo.

7. Previsão: Com o modelo ajustado, é possível fazer previsões futuras dos valores da série temporal. No entanto, é importante lembrar que as previsões estão sujeitas a incertezas e que quanto mais no futuro se deseja prever, maior a incerteza associada.

8. Avaliação do Modelo: Avalie a qualidade do modelo por meio de métricas de desempenho, como o erro médio absoluto (MAE) ou o erro quadrático médio (MSE). Isso permite verificar a precisão das previsões e, se necessário, ajustar o modelo.

A análise de séries temporais é uma técnica poderosa para entender o comportamento de dados ao longo do tempo e fazer previsões futuras. Ela é amplamente utilizada em diversas áreas, como economia, finanças, meteorologia, marketing, entre outras, para tomar decisões informadas com base nas informações temporais disponíveis.

Pesquisa de Mercado:

A pesquisa de mercado é uma ferramenta fundamental para empresas que desejam obter informações sobre o mercado, seus clientes, concorrentes e tendências. Essa pesquisa é essencial para tomar decisões estratégicas e desenvolver produtos e serviços que atendam às necessidades dos consumidores de forma mais eficiente. Aqui estão os passos para realizar uma pesquisa de mercado eficaz:

1. Definir Objetivos: Comece determinando claramente os objetivos da pesquisa. Você deve saber exatamente quais informações deseja obter com a pesquisa e como essas informações serão utilizadas para tomar decisões estratégicas.

2. Identificar o Público-Alvo: Determine qual é o público-alvo da pesquisa, ou seja, as pessoas ou empresas que serão entrevistadas ou responderão aos questionários. Isso pode incluir clientes atuais, clientes em potencial, concorrentes ou outros stakeholders relevantes.

3. Escolher a Metodologia: Existem várias formas de realizar uma pesquisa de mercado, como entrevistas individuais, questionários online, grupos focais, análise de dados secundários, entre outras. Escolha a metodologia mais adequada para atingir os seus objetivos e alcançar o público-alvo.

4. Elaborar o Questionário: Se a pesquisa for realizada por

meio de questionários, elabore perguntas claras, objetivas e que estejam relacionadas aos seus objetivos. Evite perguntas tendenciosas que possam influenciar as respostas dos entrevistados.

5. Realizar a Pesquisa: Seja por meio de entrevistas, questionários ou outras metodologias, conduza a pesquisa de acordo com o planejamento estabelecido. Garanta que a coleta de dados seja feita de forma ética e com respeito aos entrevistados.

6. Analisar os Dados: Após a coleta de dados, faça a análise das respostas obtidas. Utilize ferramentas estatísticas, se necessário, para identificar padrões e tendências relevantes.

7. Interpretar Resultados: Com base na análise dos dados, interprete os resultados da pesquisa e tire conclusões sobre o mercado, as preferências dos clientes, a posição dos concorrentes, entre outros aspectos importantes.

8. Tomar Decisões Estratégicas: Utilize as informações obtidas na pesquisa de mercado para tomar decisões estratégicas em sua empresa. Isso pode incluir ajustes no mix de produtos, segmentação de mercado, definição de estratégias de marketing, entre outras ações.

9. Acompanhamento: A pesquisa de mercado é uma atividade contínua. Acompanhe constantemente as mudanças no mercado, nas preferências dos clientes e nas ações dos concorrentes para garantir que sua empresa esteja sempre atualizada e competitiva.

A pesquisa de mercado é uma ferramenta poderosa para empresas de todos os tamanhos e setores. Ao compreender melhor o mercado e as necessidades dos clientes, é possível desenvolver estratégias mais eficazes e tomar decisões mais informadas, o que pode levar ao sucesso e crescimento do negócio.

Métodos Causal e de Regressão:

Os métodos causal e de regressão são duas abordagens diferentes usadas na análise de dados e na pesquisa estatística. Ambos são utilizados para estabelecer relações entre variáveis e entender como uma variável pode afetar ou influenciar outra. Vamos entender melhor cada um deles:

1. Método Causal:

O método causal é usado para determinar a relação de causa e efeito entre duas ou mais variáveis. Ele busca estabelecer se uma variável causa ou influencia diretamente o comportamento ou o resultado de outra variável. Esse método é amplamente utilizado em estudos científicos e experimentos, onde são aplicadas intervenções ou mudanças controladas para observar o impacto em outras variáveis.

O método causal geralmente envolve a criação de grupos de controle e grupos experimentais. O grupo de controle é mantido inalterado, enquanto o grupo experimental recebe a intervenção ou tratamento. Comparam-se, então, os resultados entre os dois grupos para identificar a influência da variável de interesse.

2. Método de Regressão:

O método de regressão é uma técnica estatística utilizada para modelar e analisar a relação entre uma variável dependente e uma ou mais variáveis independentes. A análise de regressão busca quantificar o grau de associação entre as variáveis, determinando a natureza e a força dessa relação.

A regressão pode ser usada para prever o valor da variável dependente com base nas variáveis independentes. Através da análise dos coeficientes de regressão, é possível entender a direção e a magnitude do impacto das variáveis independentes na variável dependente.

Os modelos de regressão mais comuns são a regressão linear simples, quando há apenas uma variável independente, e a regressão linear múltipla, quando há mais de uma variável independente.

É importante mencionar que, embora a análise de regressão possa mostrar uma associação entre variáveis, ela não estabelece uma relação causal direta. Outros fatores não controlados podem estar influenciando as relações observadas. Portanto, é necessário cautela ao interpretar os resultados da análise de regressão.

Em resumo, o método causal é usado para estabelecer relações de causa e efeito em situações controladas, enquanto o método de regressão é uma técnica estatística para analisar a relação entre variáveis, buscando entender a associação entre elas. Ambos os métodos são importantes ferramentas na análise de dados e na pesquisa científica.

Método Delphi:

O Método Delphi é uma técnica de coleta e análise de informações utilizada para obter previsões ou tomar decisões em situações complexas e incertas. Foi desenvolvido na década de 1950 pela Rand Corporation e recebeu esse nome em referência ao Oráculo de Delfos da mitologia grega, conhecido por sua sabedoria e capacidade de prever o futuro.

O Método Delphi envolve uma abordagem de múltiplas rodadas, nas quais um grupo de especialistas é consultado anonimamente sobre um determinado problema ou questão. Esses especialistas fornecem suas opiniões e previsões independentemente, sem influência direta uns dos outros. As respostas são coletadas, resumidas e devolvidas aos especialistas para análise e, se necessário, uma nova rodada de questionamentos. Esse processo é repetido até que um consenso seja alcançado ou até que os especialistas tenham esgotado suas diferenças de opinião.

O objetivo principal do Método Delphi é reduzir a influência de pressões sociais, hierárquicas ou políticas que podem ocorrer em situações de discussão presencial. A anonimidade garante que cada especialista tenha a oportunidade de expressar suas ideias livremente, sem medo de retaliação ou conflito direto com outros participantes.

O Método Delphi é amplamente utilizado em diversas áreas, como previsão econômica, planejamento estratégico, análise de políticas públicas, desenvolvimento de tecnologias, entre outras. É especialmente útil em situações de incerteza, quando não existem dados ou evidências claras para embasar decisões.

As principais etapas do Método Delphi são:

1. Seleção dos Especialistas: Escolha de um grupo de especialistas relevantes e qualificados para a questão em análise.

2. Questionamento Inicial: Elaboração de um conjunto de perguntas relacionadas ao problema em questão. Os

especialistas respondem anonimamente.

3. Coleta de Respostas: As respostas são coletadas e analisadas de forma a não identificar o autor de cada resposta.

4. Devolução das Respostas: Resumo das respostas é enviado aos especialistas, sem identificação dos autores.

5. Rodadas de Feedback: Os especialistas têm a oportunidade de revisar as respostas dos demais e, se necessário, fornecer novas informações ou justificativas.

6. Convergência ou Consenso: O processo continua por várias rodadas até que um consenso ou convergência de opiniões seja alcançado.

O Método Delphi é uma ferramenta valiosa para reunir o conhecimento coletivo de especialistas e tomar decisões informadas em situações complexas e incertas. Sua aplicação requer um planejamento cuidadoso e a escolha adequada dos especialistas envolvidos para garantir a qualidade e a relevância das previsões ou decisões tomadas.

Métodos qualitativos:

Os métodos qualitativos são uma abordagem de pesquisa utilizada para entender e explorar fenômenos complexos e subjetivos. Diferentemente dos métodos quantitativos, que se concentram na coleta e análise de dados numéricos, os métodos qualitativos buscam compreender os significados, contextos e experiências das pessoas envolvidas no estudo.

Esses métodos são amplamente utilizados em várias áreas, como ciências sociais, psicologia, antropologia, educação, saúde, entre outras, onde a compreensão das nuances e da subjetividade dos fenômenos é essencial.

Alguns dos métodos qualitativos mais comuns incluem:

1. Entrevistas: As entrevistas qualitativas são conversas estruturadas ou semi-estruturadas com participantes do estudo, permitindo que eles expressem suas opiniões, experiências e perspectivas sobre um determinado tema.

2. Grupos Focais: Os grupos focais reúnem um pequeno grupo de pessoas para discutir tópicos específicos em um ambiente de grupo. Essa abordagem é útil para explorar opiniões, percepções e experiências coletivas.

3. Observação Participante: Os pesquisadores observam e participam ativamente de situações e contextos sociais para obter uma compreensão mais profunda do comportamento e das interações dos participantes.

4. Análise de Conteúdo: É uma técnica de análise textual que visa identificar e categorizar padrões e temas emergentes nos dados coletados, como entrevistas, transcrições e textos.

5. Estudos de Caso: Os estudos de caso envolvem a análise detalhada de um único caso ou exemplo, geralmente com o objetivo de explorar em profundidade um fenômeno específico.

6. Etnografia: A etnografia é uma abordagem que envolve a imersão do pesquisador na cultura ou comunidade estudada, permitindo uma compreensão holística dos valores, crenças e

práticas dessa população.

7. Análise de Narrativas: Essa abordagem foca na análise de histórias e narrativas contadas pelos participantes para entender suas experiências e perspectivas.

Os métodos qualitativos são altamente flexíveis e adaptáveis, permitindo que os pesquisadores investiguem questões complexas e em constante mudança. Eles também são adequados para situações em que não há dados numéricos disponíveis ou quando a compreensão da experiência humana é essencial. No entanto, a interpretação dos resultados em métodos qualitativos é subjetiva e requer habilidades analíticas e reflexivas do pesquisador para garantir a validade e confiabilidade das conclusões obtidas.

- Estoque de Segurança:

Entenda a demanda e a variabilidade:

A demanda e a variabilidade do estoque de segurança são conceitos importantes relacionados à gestão de estoques e ao planejamento da cadeia de suprimentos. Vamos entender cada um deles:

1. Demanda:

A demanda se refere à quantidade de um produto ou item que os clientes desejam comprar ou que é necessária para atender a determinadas atividades ou processos. É a procura por um produto em um determinado período de tempo. A demanda pode ser influenciada por fatores como sazonalidade, mudanças na economia, preferências dos consumidores, campanhas de marketing, entre outros.

É essencial para uma empresa ou organização compreender a demanda de seus produtos para garantir que haja estoque suficiente para atender às necessidades dos clientes e evitar faltas ou excesso de produtos em estoque.

2. Estoque de Segurança:

O estoque de segurança é uma quantidade adicional de produtos mantidos além do estoque médio necessário para atender à demanda. Ele é usado como uma reserva para proteger a empresa contra incertezas na demanda ou no tempo de entrega dos fornecedores. Em outras palavras, é um "colchão" de segurança para lidar com flutuações inesperadas.

A necessidade de estoque de segurança surge devido a vários fatores, como a variabilidade da demanda, o tempo de entrega dos fornecedores, incertezas no processo de produção, entre outros. Quanto maior a variabilidade da demanda ou o tempo de entrega, maior a necessidade de estoque de segurança.

Ao calcular o estoque de segurança, é importante considerar o nível de serviço desejado, ou seja, o nível de disponibilidade dos produtos para os clientes. Um nível de serviço mais alto requer um estoque de segurança maior para atender a demanda de forma consistente.

A fórmula geral para calcular o estoque de segurança é:

Estoque de Segurança = (Desvio Padrão da Demanda x Fator de Z) + (Tempo de Reabastecimento x Demanda Média)

Onde:

- O Desvio Padrão da Demanda é uma medida da variabilidade da demanda;

- O Fator de Z é um valor associado ao nível de serviço desejado;

- O Tempo de Reabastecimento é o tempo necessário para receber um novo pedido do fornecedor;

- A Demanda Média é a média da demanda durante o tempo de reabastecimento.

Gerenciar a demanda e o estoque de segurança é fundamental para evitar problemas como falta de estoque e excesso de inventário, garantindo a satisfação dos clientes e a eficiência operacional da empresa.

Calcule o lead time:

Para calcular o lead time, você precisa conhecer o tempo total necessário para receber um pedido de reposição após a realização do pedido ao fornecedor. O lead time é o período desde o momento em que o pedido é colocado até o momento em que os produtos chegam ao estoque da empresa. Vamos supor que você tenha as seguintes informações:

1. Tempo de processamento do pedido (tempo desde a colocação do pedido até que ele seja processado pelo fornecedor): 2 dias.

2. Tempo de transporte (tempo necessário para o produto ser entregue após o processamento do pedido): 5 dias.

Agora, você pode calcular o lead time da seguinte maneira:

Lead Time = Tempo de Processamento do Pedido + Tempo de

Transporte

Lead Time = 2 dias + 5 dias

Lead Time = 7 dias

Portanto, o lead time para esse cenário específico é de 7 dias, ou seja, leva 7 dias para receber o pedido após a realização do mesmo junto ao fornecedor. É importante lembrar que o lead time pode variar dependendo do fornecedor, da localização geográfica e de outros fatores logísticos. O gerenciamento adequado do lead time é crucial para garantir que a empresa tenha estoque suficiente para atender à demanda dos clientes e evitar a falta ou excesso de produtos em estoque.

Defina o nível de serviço desejado:

O nível de serviço desejado é uma métrica que representa o grau de atendimento ou satisfação que uma empresa busca oferecer aos seus clientes em relação ao fornecimento de produtos ou serviços. Ele é um indicador essencial na gestão de estoques e na cadeia de suprimentos, pois reflete o quão bem a empresa consegue atender às necessidades dos clientes, garantindo que os produtos estejam disponíveis quando e onde são solicitados.

O nível de serviço desejado é geralmente expresso como uma porcentagem e pode ser medido de várias maneiras, dependendo do tipo de negócio e das expectativas dos clientes. Alguns dos principais indicadores de nível de serviço incluem:

1. Taxa de Atendimento: Representa a porcentagem de pedidos ou solicitações de produtos que são atendidos imediatamente, sem atrasos ou falta de estoque.

2. Taxa de Entrega no Prazo: Mede a porcentagem de pedidos entregues aos clientes dentro do prazo prometido.

3. Taxa de Preenchimento de Pedido: Indica a porcentagem de itens ou produtos solicitados em um pedido que estão disponíveis em estoque e podem ser entregues imediatamente.

4. Tempo de Resposta: Refere-se ao tempo necessário para atender a um pedido ou solicitação de serviço.

5. Nível de Estoque de Segurança: Representa a quantidade adicional de estoque mantida além do estoque médio necessário para atender à demanda, a fim de garantir um alto nível de serviço ao cliente.

O nível de serviço desejado pode variar de empresa para empresa, dependendo de sua estratégia de negócio, do segmento de mercado em que atua e das expectativas dos clientes. Um alto nível de serviço é geralmente desejado para empresas que buscam se destacar no mercado, fidelizar clientes e construir uma boa reputação. No entanto, um nível de serviço muito alto também pode ser custoso em termos de estoque e logística.

Por outro lado, algumas empresas podem optar por um nível de serviço mais moderado, focando em otimizar custos e eficiência operacional. O importante é que o nível de serviço seja alinhado com a estratégia e objetivos da empresa, visando sempre atender às expectativas dos clientes de forma sustentável e competitiva.

Calcule a demanda média durante o lead time:

Para calcular a demanda média durante o lead time, é necessário considerar a quantidade de produtos que são demandados em média durante o período entre a colocação do pedido e a chegada dos produtos ao estoque. Vamos supor que você tenha a seguinte informação:

- Demanda diária: 100 unidades (quantidade média de produtos vendidos ou consumidos por dia).

- Lead time: 7 dias (tempo desde a colocação do pedido até a chegada dos produtos ao estoque).

Agora, você pode calcular a demanda média durante o lead time da seguinte maneira:

Demanda Média durante o Lead Time = Demanda Diária x Lead Time

Demanda Média durante o Lead Time = 100 unidades/dia x 7 dias

Demanda Média durante o Lead Time = 700 unidades

Portanto, a demanda média durante o lead time é de 700 unidades. Isso significa que, em média, a empresa precisa de 700 unidades para atender à demanda dos clientes durante o período em que os produtos estão sendo entregues pelo fornecedor (lead time). Essa informação é essencial para o planejamento do estoque de segurança e para garantir que a empresa tenha produtos suficientes para atender aos pedidos dos clientes enquanto aguarda a reposição do estoque.

Calcule o desvio padrão durante o lead time:

Para calcular o desvio padrão durante o lead time, você precisaria ter dados históricos da demanda diária ao longo do período de lead time. O desvio padrão é uma medida de dispersão que indica o quão os valores estão dispersos em relação à média. Ele nos ajuda a entender a variabilidade da demanda durante o lead time.

Supondo que você possui os seguintes dados de demanda diária durante o lead time de 7 dias:

Dia 1: 90 unidades

Dia 2: 110 unidades

Dia 3: 100 unidades

Dia 4: 80 unidades

Dia 5: 120 unidades

Dia 6: 95 unidades

Dia 7: 105 unidades

Passo 1: Calcule a média da demanda diária durante o lead time:

Média = (90 + 110 + 100 + 80 + 120 + 95 + 105) / 7

Média = 700 / 7

Média = 100 unidades

Passo 2: Calcule a diferença entre cada valor da demanda diária e a média:

Desvio = (90 - 100) + (110 - 100) + (100 - 100) + (80 - 100) + (120 - 100) + (95 - 100) + (105 - 100)

Desvio = -10 + 10 + 0 - 20 + 20 - 5 + 5

Desvio = 0 unidades

Passo 3: Eleve cada diferença ao quadrado:

Desvio Quadrado = $(-10)^2 + 10^2 + 0^2 + (-20)^2 + 20^2 + (-5)^2 + 5^2$

Desvio Quadrado = 100 + 100 + 0 + 400 + 400 + 25 + 25

Desvio Quadrado = 950 unidades^2

Passo 4: Calcule a soma dos desvios quadrados:

Soma dos Desvios Quadrados = 950 unidades^2

Passo 5: Calcule a variância da demanda diária durante o lead time:

Variância = Soma dos Desvios Quadrados / Número de Observações

Variância = 950 unidades^2 / 7

Variância = 135,71 unidades^2

Passo 6: Calcule o desvio padrão:

Desvio Padrão = raiz quadrada da Variância

Desvio Padrão = raiz quadrada de 135,71

Desvio Padrão ≈ 11,64 unidades

Portanto, o desvio padrão da demanda diária durante o lead time é aproximadamente 11,64 unidades. Isso nos diz que, em média, a demanda diária varia em torno de 11,64 unidades em relação à média durante o período de lead time de 7 dias. O conhecimento do desvio padrão é útil para calcular o estoque de segurança necessário para atender às flutuações de demanda durante o período de espera do lead time.

Determine o fator de segurança:

O fator de segurança, também conhecido como "fator de proteção", é uma medida utilizada para garantir que o estoque de segurança seja suficiente para atender às demandas imprevistas durante o lead time, protegendo a empresa contra possíveis atrasos de fornecedores ou variações inesperadas na demanda dos clientes.

Para determinar o fator de segurança, você precisa conhecer algumas informações, como o desvio padrão da demanda diária durante o lead time (calculado anteriormente) e o nível de serviço desejado. O nível de serviço desejado é a porcentagem de pedidos ou solicitações de produtos que a empresa deseja atender imediatamente sem atrasos.

Vamos supor que você deseja um nível de serviço de 95% e o desvio padrão da demanda diária durante o lead time é de 11,64 unidades (conforme calculado anteriormente).

Passo 1: Encontre o valor Z associado ao nível de serviço desejado (95%):

O valor Z pode ser encontrado na tabela Z (tabela normal padrão) ou usando uma calculadora estatística. Para um nível de serviço de 95%, o valor Z é aproximadamente 1,645.

Passo 2: Calcule o fator de segurança:

Fator de Segurança = Valor Z x Desvio Padrão da Demanda Diária durante o Lead Time

Fator de Segurança = 1,645 x 11,64

Fator de Segurança ≈ 19,16 unidades

Portanto, o fator de segurança é aproximadamente 19,16 unidades. Isso significa que é necessário manter um estoque de segurança adicional de 19,16 unidades acima do estoque médio necessário para atender à demanda durante o lead time, a fim de atingir o nível de serviço desejado de 95%.

O fator de segurança é uma medida importante para garantir a disponibilidade dos produtos aos clientes e evitar problemas de falta de estoque. Ele varia de acordo com o nível de serviço desejado e a variabilidade da demanda durante o lead time, e é usado para dimensionar adequadamente o estoque de segurança da empresa.

Calcule o estoque de segurança:

Para calcular o estoque de segurança, você precisa conhecer o desvio padrão da demanda diária durante o lead time (calculado anteriormente), o valor Z associado ao nível de serviço desejado e o tempo de reposição (lead time). Vamos usar as informações anteriores:

- Desvio Padrão da Demanda Diária durante o Lead Time: 11,64 unidades

- Valor Z associado ao nível de serviço desejado (95%): 1,645

- Lead Time: 7 dias

A fórmula para calcular o estoque de segurança é a seguinte:

Estoque de Segurança = Valor Z x Desvio Padrão da Demanda Diária durante o Lead Time x Raiz Quadrada do Tempo de Reposição

Vamos substituir os valores:

Estoque de Segurança = 1,645 x 11,64 x $\sqrt{7}$

Estoque de Segurança ≈ 1,645 x 11,64 x 2,65

Estoque de Segurança ≈ 51,18 unidades

Portanto, o estoque de segurança necessário para atingir um nível de serviço de 95% durante o lead time de 7 dias é de aproximadamente 51,18 unidades. Isso significa que a empresa precisa manter esse estoque adicional além do estoque médio necessário para atender à demanda, garantindo a disponibilidade dos produtos aos clientes e protegendo-se contra flutuações imprevistas na demanda ou atrasos no fornecimento.

Atualize regularmente:

Sim, atualizar regularmente o estoque de segurança e os parâmetros de gestão de estoque é uma prática fundamental para garantir uma operação eficiente e eficaz. A gestão de estoque é uma atividade dinâmica, e as condições do mercado, a demanda dos clientes e outros fatores podem mudar ao longo do tempo.

Aqui estão algumas razões pelas quais é importante atualizar regularmente o estoque de segurança e os parâmetros de gestão de estoque:

1. Mudanças na demanda: A demanda dos clientes pode variar ao longo do tempo devido a fatores sazonais, mudanças nas preferências do consumidor ou eventos imprevistos. Atualizar regularmente o estoque de segurança ajuda a garantir que a

empresa esteja preparada para atender à demanda em constante mudança.

2. Mudanças nos fornecedores: Os tempos de entrega dos fornecedores podem mudar, o que pode afetar o lead time e, consequentemente, a necessidade de estoque de segurança. Manter uma comunicação ativa com os fornecedores e atualizar o lead time é essencial para garantir que o estoque de segurança seja dimensionado adequadamente.

3. Flutuações nos custos: Os custos dos produtos e dos processos logísticos podem variar ao longo do tempo. Atualizar os parâmetros de gestão de estoque permite que a empresa leve em consideração essas variações e tome decisões informadas sobre a quantidade de estoque a ser mantida.

4. Novos produtos ou mudanças nos produtos existentes: Se a empresa lançar novos produtos ou fizer mudanças significativas em produtos existentes, isso pode afetar a demanda e a gestão de estoque. Reavaliar o estoque de segurança é importante para garantir que todos os produtos sejam tratados adequadamente.

5. Melhoria contínua: A gestão de estoque é um processo que pode ser aprimorado continuamente. Monitorar o desempenho do estoque, identificar áreas de melhoria e fazer ajustes regulares nos parâmetros ajudam a otimizar a eficiência do estoque e reduzir custos.

Em resumo, a gestão de estoque é uma atividade dinâmica que requer revisão e atualização periódica para garantir que a empresa esteja preparada para atender às necessidades dos clientes, reduzir riscos e manter uma operação eficiente e eficaz.

- Estabelecer níveis mínimo e máximo:

Analise a demanda:

A análise da demanda é fundamental para estabelecer os níveis mínimo e máximo de estoque em uma empresa. Esses níveis são essenciais para garantir que a empresa tenha o estoque adequado para atender à demanda dos clientes sem correr o risco de ficar sem produtos ou de ter um excesso de estoque não utilizado.

Aqui estão os passos para analisar a demanda e estabelecer os níveis mínimo e máximo de estoque:

1. Analise histórico de vendas: Obtenha dados históricos de vendas e demanda dos produtos ao longo de um período representativo. Isso pode ser feito através de um sistema de gestão de estoque ou de vendas, planilhas ou softwares de análise de dados.

2. Calcule a demanda média: Determine a média da demanda dos produtos ao longo do período analisado. Isso permitirá ter uma visão geral da quantidade média de produtos que são vendidos ou consumidos em um determinado período de tempo.

3. Calcule o desvio padrão: Calcule o desvio padrão da demanda. O desvio padrão mede a variabilidade da demanda em relação à média. Quanto maior for o desvio padrão, maior será a

variabilidade da demanda.

4. Defina o nível de serviço desejado: Determine qual é o nível de serviço desejado pela empresa em relação à disponibilidade dos produtos para os clientes. Por exemplo, um nível de serviço de 95% significa que a empresa deseja atender a 95% das demandas dos clientes sem atrasos.

5. Calcule o estoque de segurança: Com base no desvio padrão, no nível de serviço desejado e no tempo de reposição (lead time), calcule o estoque de segurança necessário para atingir o nível de serviço desejado. O estoque de segurança é uma quantidade adicional de estoque mantida para proteger contra variações na demanda e tempos de reposição.

6. Estabeleça o estoque mínimo e máximo: O estoque mínimo é a quantidade mínima de produtos que a empresa deve ter em estoque para evitar ficar sem produtos. O estoque máximo é a quantidade máxima de produtos que a empresa deve ter em estoque para evitar um excesso não utilizado. O estoque mínimo geralmente é igual ao estoque de segurança mais a demanda média durante o tempo de reposição, enquanto o estoque máximo pode ser definido com base em fatores como capacidade de armazenamento, custos de manutenção de estoque e previsões de demanda futura.

7. Monitore e ajuste regularmente: A demanda e outros fatores que afetam o estoque podem mudar ao longo do tempo. Por isso, é importante monitorar o desempenho do estoque e fazer ajustes regulares nos níveis mínimo e máximo para garantir que estejam alinhados com as necessidades do negócio.

Ao realizar essa análise da demanda e estabelecer os níveis mínimo e máximo de estoque, a empresa pode garantir uma gestão de estoque eficiente, reduzindo custos e evitando problemas de falta ou excesso de produtos em estoque.

Calcule o lead time:

É da mesma forma que anteriormente, porém colocarei aqui caso alguém tenha pulado para essa parte.

Para calcular o lead time, nível mínimo e nível máximo de estoque, você precisará de algumas informações importantes:

1. Lead Time: É o tempo necessário para reabastecer o estoque após fazer um pedido aos fornecedores. É o tempo desde a colocação do pedido até a chegada dos produtos ao estoque.

2. Demanda Média Diária: É a quantidade média de produtos vendidos ou consumidos por dia.

3. Desvio Padrão da Demanda Diária: É uma medida de dispersão que indica o quão os valores da demanda diária estão dispersos em relação à média.

4. Nível de Serviço Desejado: Representa o grau de atendimento ou satisfação que a empresa busca oferecer aos clientes em relação ao fornecimento de produtos. Pode ser expresso como uma porcentagem, por exemplo, 95%.

A fórmula para calcular o lead time é a seguinte:

Lead Time = Estoque de Segurança / (Demanda Média Diária - Taxa de Consumo)

Onde:

Estoque de Segurança = Valor Z x Desvio Padrão da Demanda Diária x Raiz Quadrada do Tempo de Reposição (calculado anteriormente).

Taxa de Consumo = Demanda Média Diária x (1 - Nível de Serviço Desejado).

Vamos supor que:

- Estoque de Segurança = 51,18 unidades (calculado anteriormente).

- Demanda Média Diária = 100 unidades.

- Desvio Padrão da Demanda Diária = 11,64 unidades (calculado anteriormente).

- Nível de Serviço Desejado = 95% (ou seja, 0,95).

- Tempo de Reposição = 7 dias (informado anteriormente).

Passo 1: Calcule a Taxa de Consumo:

Taxa de Consumo = 100 unidades x (1 - 0,95)

Taxa de Consumo = 100 unidades x 0,05

Taxa de Consumo = 5 unidades

Passo 2: Calcule o Lead Time:

Lead Time = 51,18 unidades / (100 unidades - 5 unidades)

Lead Time = 51,18 unidades / 95 unidades

Lead Time ≈ 0,5389 dias (ou aproximadamente 13 horas)

Portanto, o lead time calculado é de aproximadamente 0,5389 dias ou 13 horas. Isso significa que, em média, leva cerca de 13 horas para reabastecer o estoque após a colocação de um pedido aos fornecedores.

Para calcular os níveis mínimo e máximo de estoque, você pode utilizar as informações sobre o estoque de segurança, a demanda média diária e o lead time:

Nível Mínimo de Estoque = Demanda Média Diária x Lead Time

Nível Mínimo de Estoque = 100 unidades/dia x 0,5389 dias

Nível Mínimo de Estoque ≈ 53,89 unidades

Nível Máximo de Estoque = Estoque de Segurança + Demanda Média Diária x Lead Time

Nível Máximo de Estoque = 51,18 unidades + (100 unidades/dia x 0,5389 dias)

Nível Máximo de Estoque ≈ 106,07 unidades

Portanto, o nível mínimo de estoque é de aproximadamente 53,89 unidades e o nível máximo de estoque é de aproximadamente 106,07 unidades. Esses valores podem ser utilizados para garantir que o estoque seja mantido dentro de limites adequados para atender à demanda dos clientes de forma eficiente e eficaz.

Determine o estoque de segurança:

Para determinar o estoque de segurança mínimo e máximo, é necessário levar em consideração o nível de serviço desejado, o desvio padrão da demanda diária durante o lead time e o tempo de reposição (lead time).

Vamos utilizar as informações fornecidas anteriormente:

- Desvio Padrão da Demanda Diária durante o Lead Time: 11,64 unidades

- Valor Z associado ao nível de serviço desejado (95%): 1,645 (valor Z tabelado para um nível de serviço de 95%)
- Lead Time: 7 dias

Passo 1: Calcule o estoque de segurança mínimo:

Estoque de Segurança Mínimo = Valor Z x Desvio Padrão da Demanda Diária x Raiz Quadrada do Tempo de Reposição

Estoque de Segurança Mínimo = 1,645 x 11,64 x $\sqrt{7}$

Estoque de Segurança Mínimo ≈ 31,49 unidades

Passo 2: Calcule o estoque de segurança máximo:

Estoque de Segurança Máximo = Valor Z x Desvio Padrão da Demanda Diária x Raiz Quadrada do Tempo de Reposição x Fator de Correção

O fator de correção é usado para ajustar o estoque de segurança máximo e levar em consideração a demanda durante o tempo de reposição.

Vamos considerar o fator de correção como 2 (ou seja, Estoque de Segurança Máximo = 2 x Estoque de Segurança Mínimo):

Estoque de Segurança Máximo = 2 x 31,49

Estoque de Segurança Máximo ≈ 62,98 unidades

Portanto, o estoque de segurança mínimo é de aproximadamente 31,49 unidades e o estoque de segurança máximo é de aproximadamente 62,98 unidades.

Esses valores de estoque de segurança devem ser adicionados ao estoque médio necessário para atender à demanda durante o lead time, garantindo que a empresa esteja preparada para atender aos pedidos dos clientes sem correr o risco de ficar sem estoque. O estoque de segurança é uma quantidade adicional de estoque mantida para proteger contra variações na demanda e tempos de reposição, garantindo um nível de serviço adequado aos clientes.

Calcule o estoque mínimo:

Para calcular o estoque mínimo, você precisa levar em consideração o estoque de segurança, a demanda média durante o lead time e o lead time (tempo de reposição). Vamos utilizar as informações fornecidas anteriormente:

- Estoque de Segurança: 51,18 unidades
- Demanda Média Diária: 100 unidades
- Lead Time: 7 dias

O estoque mínimo é a quantidade mínima de produtos que a empresa deve manter em estoque para evitar ficar sem produtos durante o lead time.

Para calcular o estoque mínimo, você pode usar a seguinte fórmula:

Estoque Mínimo = Demanda Média Diária x Lead Time + Estoque de Segurança

Vamos substituir os valores:

Estoque Mínimo = 100 unidades/dia x 7 dias + 51,18 unidades

Estoque Mínimo = 700 unidades + 51,18 unidades

Estoque Mínimo ≈ 751,18 unidades

Portanto, o estoque mínimo é de aproximadamente 751,18 unidades. Isso significa que a empresa deve manter pelo menos 751,18 unidades em estoque para garantir que possa atender à demanda dos clientes durante o lead time de 7 dias, levando em consideração a demanda média diária e o estoque de segurança necessário para atingir o nível de serviço desejado.

Defina o estoque máximo:

O estoque máximo é a quantidade máxima de produtos que a empresa deve manter em estoque para evitar um excesso de estoque não utilizado. Ele representa o limite superior que a empresa define para o nível de estoque de determinado produto.

Para calcular o estoque máximo, é necessário levar em consideração o estoque médio necessário para atender à demanda durante o lead time, o estoque de segurança e a capacidade de armazenamento disponível na empresa.

Vamos utilizar as informações fornecidas anteriormente:

- Estoque de Segurança: 51,18 unidades
- Demanda Média Diária: 100 unidades
- Lead Time: 7 dias

Vamos assumir que a capacidade máxima de armazenamento da empresa para esse produto é de 500 unidades.

O estoque máximo pode ser calculado usando a seguinte fórmula:

Estoque Máximo = Estoque Médio + Estoque de Segurança

O estoque médio é a quantidade média de produtos que a empresa mantém em estoque para atender à demanda diária. Ele pode ser calculado da seguinte forma:

Estoque Médio = Demanda Média Diária x Lead Time

Vamos substituir os valores:

Estoque Médio = 100 unidades/dia x 7 dias
Estoque Médio = 700 unidades

Agora, podemos calcular o estoque máximo:

Estoque Máximo = 700 unidades + 51,18 unidades
Estoque Máximo ≈ 751,18 unidades

Como a capacidade máxima de armazenamento é de 500 unidades, o estoque máximo é limitado a 500 unidades, pois a empresa não pode armazenar mais do que sua capacidade máxima permite.

Portanto, o estoque máximo é de aproximadamente 500 unidades, garantindo que a empresa não mantenha um excesso de estoque além da capacidade de armazenamento disponível. É importante equilibrar o estoque máximo para evitar desperdícios e garantir que a empresa possa atender à demanda dos clientes sem problemas de armazenamento.

Considere fornecedores e custos de pedido:

Ao considerar fornecedores e custos de pedido na gestão de estoque, é importante levar em conta os seguintes fatores:

1. Frequência de Pedido: O custo de fazer um pedido aos fornecedores pode variar de acordo com a frequência com que os pedidos são feitos. Pedir produtos com mais frequência pode resultar em custos de pedido mais elevados, enquanto pedidos menos frequentes podem reduzir esses custos, mas podem exigir estoques maiores para atender à demanda.

2. Tamanho do Pedido: O tamanho do pedido também pode afetar os custos de pedido. Pedir grandes quantidades de uma só vez pode reduzir os custos de pedido unitário, mas também pode aumentar os custos de armazenamento e os riscos de obsolescência. Por outro lado, pedir quantidades menores pode reduzir o risco de estoque obsoleto, mas pode aumentar os custos de pedido unitário.

3. Prazo de Entrega: O prazo de entrega do fornecedor é outro fator importante a ser considerado. Se o prazo de entrega for longo, será necessário manter estoques maiores para cobrir o tempo de espera até a chegada dos produtos. Por outro lado, se o prazo de entrega for curto, pode ser possível manter estoques menores, mas é preciso estar atento aos riscos de falta de estoque.

4. Custos de Armazenamento: Além dos custos de pedido, é importante considerar os custos de armazenamento, como aluguel de espaço, energia, seguro e manutenção. Estes custos podem aumentar à medida que o estoque aumenta, portanto, é necessário encontrar um equilíbrio entre os custos de pedido e

os custos de armazenamento.

5. Nível de Serviço ao Cliente: O nível de serviço ao cliente desejado pela empresa também deve ser levado em conta. Quanto maior o nível de serviço desejado, maior pode ser a necessidade de manter estoques de segurança e estoques adicionais para atender a demanda de forma rápida e eficiente.

A gestão de estoque eficiente requer um equilíbrio cuidadoso entre esses fatores. A análise e a otimização contínua dos custos de pedido e dos custos de armazenamento, juntamente com uma previsão de demanda precisa, são essenciais para garantir que o estoque seja mantido em níveis adequados para atender à demanda dos clientes de forma eficiente, mantendo os custos sob controle. Além disso, a escolha de fornecedores confiáveis e com prazos de entrega adequados também desempenha um papel fundamental na gestão de estoque.

Ajuste periodicamente:

Sim, ajustar periodicamente a gestão de estoque é uma prática fundamental para garantir que os níveis de estoque estejam alinhados com as necessidades da empresa e da demanda dos clientes. A gestão de estoque é um processo contínuo que requer monitoramento constante e ajustes conforme as condições do mercado e do negócio se alteram.

Aqui estão algumas razões pelas quais é importante ajustar periodicamente a gestão de estoque:

1. Mudanças na Demanda: A demanda dos clientes pode variar ao longo do tempo devido a fatores sazonais, mudanças na preferência do cliente ou eventos específicos do mercado. Ajustar o estoque de acordo com essas mudanças pode garantir

que a empresa esteja preparada para atender à demanda sem correr o risco de ficar sem estoque ou acumular estoque não utilizado.

2. Variações de Fornecimento: Os fornecedores podem ter variações nos prazos de entrega ou nas quantidades fornecidas. Se um fornecedor passar por problemas de abastecimento, isso pode afetar o estoque disponível na empresa. Ajustar a gestão de estoque considerando essas variações pode ajudar a mitigar possíveis problemas de falta ou excesso de estoque.

3. Melhoria nos Processos: A otimização dos processos internos pode levar a melhorias na gestão de estoque. A adoção de tecnologias avançadas, como sistemas de gestão de estoque automatizados, pode proporcionar uma visão mais precisa e em tempo real do estoque, permitindo ajustes mais eficientes e reduzindo o risco de erros.

4. Mudanças na Estratégia de Negócios: Mudanças na estratégia de negócios, como a entrada em novos mercados ou a expansão da linha de produtos, podem afetar os requisitos de estoque. Ajustar a gestão de estoque de acordo com as mudanças na estratégia pode garantir que a empresa esteja preparada para atender aos novos desafios.

5. Redução de Custos: A gestão de estoque eficiente pode levar a uma redução de custos, seja por meio da diminuição de estoque ocioso ou da otimização dos custos de armazenamento. Ajustar periodicamente a gestão de estoque permite identificar oportunidades de redução de custos e implementar medidas para alcançá-las.

Em resumo, a gestão de estoque deve ser um processo dinâmico e adaptativo, que se ajusta às mudanças do ambiente de negócios. Monitorar regularmente os níveis de estoque, revisar as estratégias de gestão e implementar ajustes conforme necessário são práticas essenciais para garantir a eficiência operacional e o sucesso do negócio.

- Controle de entrada e saída de produtos:

Sistema de Registro:

Um sistema de registro para controle de entrada e saída de produtos é fundamental para garantir uma gestão de estoque eficiente e precisa. Esse tipo de sistema permite rastrear o movimento dos produtos em estoque, mantendo informações detalhadas sobre todas as operações de entrada e saída, bem como os saldos disponíveis em determinado momento. Existem várias formas de implementar esse sistema, incluindo sistemas manuais e automatizados.

Aqui estão alguns elementos essenciais que um sistema de registro para controle de entrada e saída de produtos deve conter:

1. Cadastro de Produtos: Um banco de dados contendo informações sobre cada produto do estoque, como nome, código, descrição, unidade de medida, fornecedor, entre outros.

2. Registro de Entradas: O sistema deve permitir o registro de todas as entradas de produtos no estoque, incluindo informações como data, quantidade, fornecedor, número do

pedido, nota fiscal e outros detalhes relevantes.

3. Registro de Saídas: Da mesma forma, todas as saídas de produtos do estoque devem ser registradas, com informações como data, quantidade, destino (cliente ou departamento interno), número do pedido ou venda, entre outros dados relevantes.

4. Saldo de Estoque: O sistema deve calcular automaticamente o saldo de estoque em tempo real, atualizando-o a cada entrada ou saída registrada. Dessa forma, é possível saber exatamente a quantidade disponível de cada produto em determinado momento.

5. Controle de Lotes e Validades: Se aplicável, o sistema deve permitir o controle de lotes e datas de validade dos produtos, garantindo que os itens mais antigos sejam utilizados primeiro para evitar desperdícios.

6. Relatórios e Análises: Um sistema de registro eficiente deve ser capaz de gerar relatórios e análises sobre o movimento de estoque, tais como histórico de entradas e saídas, produtos mais vendidos, produtos em baixa no estoque, entre outros dados relevantes para a gestão do estoque.

7. Integração com Outros Sistemas: Dependendo do tamanho e complexidade da empresa, é interessante que o sistema de registro esteja integrado com outros sistemas, como o sistema de vendas, compras e contabilidade, facilitando a troca de informações entre os setores.

A implementação de um sistema de registro para controle de entrada e saída de produtos pode trazer diversos benefícios para a empresa, como maior precisão no gerenciamento de estoque, redução de erros e perdas, agilidade nas operações e tomadas de decisão mais embasadas. Além disso, um controle rigoroso de estoque é essencial para atender à demanda dos clientes e evitar problemas como falta ou excesso de produtos em estoque.

Documentação de Entrada:

A documentação de entrada é fundamental para registrar todas as informações relevantes relacionadas às entradas de produtos no estoque da empresa. Essa documentação é essencial para garantir a rastreabilidade, precisão e controle adequado das operações de entrada, facilitando a gestão eficiente do estoque. A seguir, estão alguns dos principais documentos utilizados na documentação de entrada:

1. Nota Fiscal de Compra (NFC-e ou NF-e): A nota fiscal é um documento fiscal emitido pelo fornecedor para comprovar a compra de produtos. Ela deve conter informações como o nome do fornecedor, CNPJ, data da compra, descrição dos produtos, quantidade, valor unitário, valor total da compra e informações fiscais.

2. Pedido de Compra: O pedido de compra é gerado internamente pela empresa e enviado ao fornecedor para solicitar a compra dos produtos. Ele deve conter informações detalhadas sobre os itens a serem comprados, quantidades, preços, prazos de entrega e outras condições negociadas.

3. Ordem de Compra: A ordem de compra é uma autorização formal para que o fornecedor entregue os produtos solicitados. Ela é baseada no pedido de compra e normalmente inclui um número de identificação único para rastreamento.

4. Conhecimento de Transporte: O conhecimento de transporte é um documento emitido pela transportadora responsável pela entrega dos produtos. Ele contém informações sobre a origem, destino, tipo de transporte, data e horário da coleta e entrega, além de identificar o remetente e destinatário.

5. Registro de Entrada no Sistema de Estoque: O registro de entrada é feito no sistema de controle de estoque da empresa e deve conter todas as informações relevantes presentes nos documentos fiscais de compra. Isso inclui dados como data de entrada, número da nota fiscal, quantidade de produtos recebidos, fornecedor, entre outros.

6. Inspeção de Qualidade (se aplicável): Em algumas empresas, pode ser necessária uma inspeção de qualidade dos produtos recebidos para garantir que estejam em conformidade com as especificações e padrões estabelecidos.

7. Registro de Recebimento: O registro de recebimento é um documento interno que indica que os produtos foram recebidos e conferidos de acordo com as informações presentes na nota fiscal e ordem de compra. Ele pode conter informações sobre eventuais danos, quantidade divergente ou outras observações relevantes.

8. Registro de Armazenamento: Esse registro indica onde os produtos foram armazenados no estoque da empresa e em que quantidade.

É importante que a documentação de entrada seja organizada, arquivada e facilmente acessível para fins de auditoria, rastreabilidade e controle de estoque. Um bom sistema de gestão pode auxiliar na automatização do registro e controle desses documentos, aumentando a eficiência e reduzindo a possibilidade de erros. A manutenção adequada da documentação de entrada é uma prática essencial para uma gestão de estoque eficiente e precisa.

Documentação de Saída:

A documentação de saída é fundamental para registrar todas as informações relevantes relacionadas às saídas de produtos do estoque da empresa. Essa documentação é essencial para garantir a rastreabilidade, precisão e controle adequado das operações de saída, facilitando a gestão eficiente do estoque e o atendimento aos clientes. A seguir, estão alguns dos principais documentos utilizados na documentação de saída:

1. Nota Fiscal de Venda (NFC-e ou NF-e): A nota fiscal de venda é um documento fiscal emitido pela empresa para comprovar a venda de produtos. Ela deve conter informações como o nome do cliente, CNPJ ou CPF, data da venda, descrição dos produtos, quantidade vendida, valor unitário, valor total da venda e informações fiscais.

2. Pedido de Venda: O pedido de venda é gerado internamente pela empresa com base na solicitação do cliente. Ele deve conter informações detalhadas sobre os itens vendidos, quantidades, preços, prazos de entrega e outras condições negociadas.

3. Ordem de Venda: A ordem de venda é uma autorização formal para que os produtos sejam entregues ao cliente. Ela é baseada no pedido de venda e normalmente inclui um número de identificação único para rastreamento.

4. Nota Fiscal de Remessa (se aplicável): A nota fiscal de remessa é utilizada quando ocorre a remessa de produtos para fins específicos, como consertos, demonstrações, entre outros. Ela deve conter informações detalhadas sobre a finalidade da remessa e os produtos envolvidos.

5. Registro de Saída no Sistema de Estoque: O registro de saída é feito no sistema de controle de estoque da empresa e deve conter todas as informações relevantes presentes nos documentos fiscais de venda. Isso inclui dados como data de saída, número da nota fiscal, quantidade de produtos vendidos, cliente, entre outros.

6. Registro de Entrega: O registro de entrega é utilizado para documentar a entrega dos produtos ao cliente. Ele pode conter informações como a data e horário de entrega, assinatura do cliente ou responsável pelo recebimento, e eventuais observações sobre o estado dos produtos entregues.

7. Registro de Faturamento: O registro de faturamento é usado para registrar a fatura emitida ao cliente com base na venda efetuada. Ele pode conter informações sobre os prazos de pagamento e outras condições comerciais acordadas.

8. Registro de Devoluções (se aplicável): Em casos de devolução de produtos por parte do cliente, é importante documentar essa operação para rastreabilidade e controle do estoque.

É importante que a documentação de saída seja organizada, arquivada e facilmente acessível para fins de auditoria, rastreabilidade e controle de estoque. Um bom sistema de gestão pode auxiliar na automatização do registro e controle desses documentos, aumentando a eficiência e reduzindo a possibilidade de erros. A manutenção adequada da documentação de saída é uma prática essencial para uma gestão de estoque eficiente e precisa, além de ser fundamental para garantir a satisfação dos clientes e o cumprimento das obrigações fiscais.

Controle de Lotes e Validades:

O controle de lotes e validades é uma prática importante para empresas que lidam com produtos perecíveis, medicamentos, alimentos, produtos químicos ou qualquer tipo de item que possua uma data de validade ou que precise ser rastreado por lotes específicos. Essa gestão garante que os produtos mais antigos sejam utilizados ou vendidos primeiro, evitando perdas por vencimento e mantendo a qualidade dos produtos em estoque.

A seguir, estão algumas práticas para o controle de lotes e validades:

1. Identificação de Lotes: Cada lote de produto deve ser identificado com um número único que permita o rastreamento. Essa identificação pode ser feita por meio de etiquetas, códigos de barras ou sistemas de rastreabilidade.

2. Registro de Entradas e Saídas: Ao receber novos lotes de produtos, é importante registrar todas as informações relacionadas ao lote, como data de fabricação, data de validade, quantidade recebida e informações do fornecedor. Da mesma forma, ao realizar vendas ou transferências de produtos, registre o lote utilizado.

3. FIFO (First-In-First-Out): A prática do FIFO consiste em utilizar primeiro os produtos que entraram no estoque primeiro.

Dessa forma, os produtos mais antigos são consumidos ou vendidos antes dos mais recentes, garantindo que não fiquem obsoletos ou vencidos.

4. Alertas de Vencimento: Implemente um sistema de alertas para acompanhar as datas de validade próximas para que os produtos em estoque sejam utilizados antes do vencimento ou vendidos com descontos, se necessário.

5. Armazenamento Adequado: Certifique-se de que os produtos estejam armazenados de acordo com as especificações do fabricante e em condições que garantam a preservação de sua qualidade até a data de validade.

6. Descarte Apropriado: Em casos de produtos próximos ao vencimento, é importante ter procedimentos para o descarte apropriado, evitando que sejam utilizados após a data limite.

7. Sistema de Gestão Integrado: Utilize um sistema de gestão de estoque que possibilite a rastreabilidade e o controle dos lotes e validades de forma eficiente e automatizada.

O controle de lotes e validades é essencial para garantir a qualidade dos produtos oferecidos pela empresa, atender às exigências legais, evitar prejuízos com produtos vencidos e manter a satisfação dos clientes. Portanto, é importante que a equipe responsável pelo estoque esteja treinada para realizar essas atividades com precisão e de acordo com as normas e políticas internas da empresa.

Inventário Regular:

O inventário regular é um procedimento essencial na gestão de estoque de uma empresa. Ele consiste em realizar contagens físicas periódicas de todos os itens em estoque para verificar a precisão dos registros do sistema em relação à quantidade física dos produtos. O inventário regular tem como objetivo identificar e corrigir discrepâncias entre o estoque registrado no sistema e o estoque físico real.

A seguir, estão alguns pontos importantes sobre o inventário regular:

1. Frequência: A frequência do inventário regular pode variar de acordo com o tamanho e a complexidade do estoque, bem como com as políticas internas da empresa. Algumas empresas realizam o inventário mensalmente, enquanto outras preferem fazê-lo trimestral ou anualmente.

2. Contagem Total ou Rotativa: Existem duas abordagens principais para o inventário regular: a contagem total e a contagem rotativa. Na contagem total, todos os itens em estoque são contados de uma só vez, o que geralmente é feito uma vez por ano. Na contagem rotativa, apenas uma parte do estoque é contada em cada ciclo, distribuindo-se a contagem ao longo do ano. A contagem rotativa é especialmente útil para empresas com estoques grandes e complexos, pois permite uma abordagem mais gradual e contínua.

3. Equipe Responsável: O inventário regular deve ser realizado por uma equipe responsável e capacitada, com o apoio da gestão de estoque e da contabilidade da empresa. É importante garantir que a equipe siga procedimentos padrão para evitar erros na contagem e garantir a integridade dos dados.

4. Uso de Tecnologia: O uso de tecnologia pode facilitar o inventário regular. Sistemas de gerenciamento de estoque automatizados, leitores de códigos de barras e dispositivos

móveis podem agilizar o processo de contagem e reduzir a possibilidade de erros humanos.

5. Correção de Discrepâncias: Ao identificar discrepâncias entre o estoque físico e o estoque registrado no sistema, é importante investigar as causas e corrigir as informações. Isso pode envolver ajustes no sistema de gestão de estoque, investigação de possíveis erros ou perdas, e a revisão de processos internos para evitar problemas futuros.

6. Benefícios do Inventário Regular: O inventário regular oferece diversos benefícios para a empresa, como a melhoria da acuracidade do estoque, a redução de perdas e furtos, a identificação de produtos obsoletos ou parados, e a garantia de que a empresa possui informações precisas para tomar decisões estratégicas.

Em resumo, o inventário regular é uma prática fundamental para manter o controle adequado do estoque da empresa e garantir a precisão das informações. Realizar contagens físicas periódicas permite que a empresa identifique e corrija eventuais discrepâncias, mantendo um estoque eficiente e contribuindo para o sucesso do negócio.

Integração de Setores:

A integração de setores no que se refere à entrada e saída de produtos é uma prática crucial para garantir a eficiência e o controle adequado do estoque em uma empresa. A comunicação e colaboração entre os setores envolvidos nesse processo são essenciais para evitar erros, reduzir perdas e atender às demandas dos clientes de forma eficaz. A seguir, destacam-se algumas práticas importantes para a integração dos setores de entrada e saída de produtos:

1. Comunicação entre Setores: Os setores responsáveis pela entrada e saída de produtos, como o setor de compras, o setor de estoque e o setor de vendas, devem manter uma comunicação clara e constante. Isso envolve o compartilhamento de informações sobre previsões de demanda, níveis de estoque, pedidos de compra e vendas realizadas.

2. Integração dos Sistemas de Informação: Utilizar um sistema de gestão integrado que englobe os setores de entrada e saída de produtos é fundamental. Dessa forma, as informações são centralizadas e atualizadas em tempo real, evitando divergências e garantindo a precisão dos registros.

3. Planejamento de Compras e Estoque: A colaboração entre o setor de compras e o setor de estoque é crucial para garantir que os produtos sejam adquiridos na quantidade correta, evitando excessos ou faltas de estoque. O planejamento adequado reduz custos e possibilita melhor atendimento aos clientes.

4. Atenção às Demandas dos Clientes: O setor de vendas deve estar alinhado com o setor de estoque para atender às demandas dos clientes de maneira eficiente. A comunicação constante permite identificar necessidades específicas dos clientes e planejar a reposição de estoque de acordo.

5. Gerenciamento de Devoluções: A integração entre os setores de entrada e saída de produtos é fundamental para lidar com devoluções e reclamações dos clientes. Um processo eficiente de gerenciamento de devoluções garante a rápida resolução de problemas e a satisfação do cliente.

6. Análise de Dados e Indicadores: A análise de dados e indicadores de desempenho é essencial para avaliar a eficiência

dos processos de entrada e saída de produtos. Métricas como taxa de ruptura de estoque, tempo de reposição e níveis de satisfação do cliente podem fornecer insights valiosos para aprimorar a integração dos setores.

7. Treinamento e Capacitação: Investir em treinamento e capacitação dos colaboradores envolvidos nos setores de entrada e saída de produtos ajuda a melhorar a compreensão dos processos e promove a colaboração entre as equipes.

A integração de setores de entrada e saída de produtos é uma abordagem estratégica que contribui para o sucesso da empresa como um todo. Ao trabalhar em conjunto, esses setores conseguem otimizar os fluxos de trabalho, melhorar a eficiência operacional e garantir uma melhor experiência para os clientes.

Padronização de Processos:

A padronização de processos de entrada e saída de produtos é fundamental para garantir a eficiência e a qualidade das operações em uma empresa. Esses processos estão diretamente relacionados à gestão de estoque e ao atendimento aos clientes, e a padronização visa evitar erros, reduzir custos e melhorar a satisfação dos clientes. A seguir, são apresentadas algumas práticas importantes para a padronização dos processos de entrada e saída de produtos:

Padronização de Processos de Entrada de Produtos:

1. Recebimento de Mercadorias: Padronizar o processo de recebimento de mercadorias envolve definir procedimentos para conferência de itens, verificação da quantidade recebida e inspeção de qualidade. É importante registrar qualquer irregularidade ou dano identificado durante o recebimento.

2. Inspeção e Qualidade: Estabelecer critérios claros para a inspeção de qualidade dos produtos recebidos, garantindo que eles atendam aos padrões estabelecidos pela empresa antes de serem incorporados ao estoque.

3. Armazenamento: Definir diretrizes para o armazenamento adequado dos produtos, incluindo a segregação de lotes, a organização do estoque e a utilização de sistemas de rastreamento, como códigos de barras, para facilitar a identificação dos produtos.

4. Registros e Documentação: Documentar todas as etapas do processo de entrada de produtos, incluindo informações sobre fornecedores, datas de recebimento, quantidades, inspeção de qualidade e responsáveis pelo recebimento.

Padronização de Processos de Saída de Produtos:

1. Separação de Pedidos: Padronizar o processo de separação de pedidos consiste em definir procedimentos para a identificação e coleta dos produtos solicitados, garantindo a precisão e a agilidade no atendimento.

2. Embalagem e Etiquetagem: Estabelecer padrões para a embalagem e etiquetagem dos produtos, assegurando que os itens sejam devidamente protegidos e identificados antes de serem enviados aos clientes.

3. Expedição e Rastreamento: Definir diretrizes para a expedição dos produtos, incluindo a utilização de sistemas de rastreamento e registro de informações relevantes, como números de rastreio e transportadoras utilizadas.

4. Controle de Qualidade: Implementar procedimentos de

controle de qualidade antes da saída dos produtos, garantindo que eles atendam aos padrões estabelecidos e estejam em perfeitas condições antes da entrega aos clientes.

5. Documentação e Registros: Registrar todas as informações relacionadas aos pedidos, incluindo dados dos clientes, produtos, quantidades e datas de envio.

Ao padronizar os processos de entrada e saída de produtos, a empresa estabelece uma base sólida para a gestão eficiente do estoque e para a garantia da qualidade dos produtos entregues aos clientes. Além disso, a padronização facilita o treinamento de novos colaboradores, reduz erros e retrabalhos, e contribui para a melhoria contínua dos processos ao longo do tempo. Acompanhar o desempenho dos processos, coletar feedback dos colaboradores e dos clientes e realizar ajustes quando necessário são práticas importantes para manter a eficácia da padronização.

Treinamento da Equipe:

O treinamento da equipe responsável pela entrada e saída de produtos é um elemento crucial para garantir que os processos sejam executados de forma eficiente, segura e com alto padrão de qualidade. O treinamento deve abranger tanto a equipe de recebimento de mercadorias (entrada de produtos) quanto a equipe de expedição e separação de pedidos (saída de produtos). Abaixo estão algumas diretrizes para o treinamento da equipe nesses setores:

1. Conhecimento dos Processos: O primeiro passo é garantir que a equipe compreenda plenamente os processos de entrada e saída de produtos. Isso inclui explicar detalhadamente cada etapa do processo, desde a recepção de mercadorias até a expedição dos pedidos.

2. Procedimentos Padrão: Certifique-se de que a equipe esteja ciente dos procedimentos padrão estabelecidos para cada atividade. Isso pode incluir instruções específicas sobre como receber, conferir, armazenar, separar e expedir os produtos, bem como regras de segurança e higiene.

3. Uso de Tecnologia e Ferramentas: Se a empresa utiliza sistemas de gerenciamento de estoque, códigos de barras, leitores de código de barras, entre outras ferramentas, os colaboradores precisam ser treinados no uso correto dessas tecnologias para garantir a eficiência dos processos.

4. Inspeção e Qualidade: Ensine a equipe a realizar inspeções de qualidade durante a entrada de produtos para verificar se estão de acordo com os padrões estabelecidos. Além disso, instrua-os sobre como identificar e lidar com produtos danificados ou com problemas de qualidade.

5. Embalagem e Etiquetagem: Treine a equipe para realizar a embalagem correta dos produtos, garantindo que eles estejam bem protegidos durante o transporte. Explique também a importância da etiquetagem adequada para identificar corretamente os produtos.

6. Atendimento ao Cliente: Se a equipe de saída de produtos está envolvida no atendimento ao cliente, é essencial treiná-los para garantir um atendimento cortês e eficiente, além de fornecer informações precisas sobre o status dos pedidos.

7. Simulações e Acompanhamento: Realize simulações e exercícios práticos para permitir que a equipe aplique o conhecimento adquirido. Além disso, acompanhe o desempenho da equipe após o treinamento para identificar

pontos que possam ser aprimorados.

8. Feedback e Melhoria Contínua: Incentive o feedback dos colaboradores após o treinamento, para que eles possam fornecer insights sobre a eficácia do treinamento e sugerir melhorias. A busca pela melhoria contínua é fundamental para garantir que a equipe esteja sempre capacitada para realizar suas atividades com excelência.

O treinamento da equipe de entrada e saída de produtos deve ser contínuo, especialmente quando ocorrem mudanças nos processos, novos produtos são lançados ou novas tecnologias são implementadas. Investir em treinamento adequado é essencial para promover a eficiência operacional, minimizar erros e garantir a satisfação dos clientes.

- Classificação dos itens em estoque:

Análise ABC:

A análise ABC é uma técnica de classificação de itens no estoque com base na importância relativa de cada item para o negócio. Ela é amplamente utilizada na gestão de estoque para priorizar a atenção e os esforços em relação aos itens que têm maior impacto nas operações e no desempenho financeiro da empresa. A análise ABC é baseada no princípio de Pareto, também conhecido como regra 80/20, que afirma que aproximadamente 80% dos efeitos são causados por 20% das causas.

O objetivo da análise ABC é dividir o estoque em três categorias principais:

1. Itens Classe A: São os itens de maior valor e importância para a empresa. Eles representam uma pequena parte do total de itens em estoque, mas são responsáveis por uma grande parcela do valor total do estoque e das vendas. Esses itens exigem uma atenção especial, pois seu impacto no desempenho financeiro da empresa é significativo.

2. Itens Classe B: Representam uma parcela intermediária do estoque e das vendas. Esses itens são importantes, mas não têm o mesmo peso que os itens Classe A. Eles requerem um nível de controle e gestão menor que os itens Classe A, mas ainda são considerados relevantes para o negócio.

3. Itens Classe C: São itens de menor valor e importância relativa para a empresa. Eles correspondem a uma grande parte do total de itens em estoque, mas contribuem com uma parcela pequena do valor total do estoque e das vendas. Esses itens podem ser gerenciados de forma mais simplificada.

A classificação dos itens em cada classe é feita por meio de cálculos que levam em consideração o valor do estoque de cada item e o valor das vendas relacionadas a eles. Geralmente, a análise ABC é realizada com base em dados históricos, como o consumo dos itens nos últimos meses ou anos.

A importância da análise ABC reside na capacidade de direcionar os esforços da equipe de gestão de estoque para as atividades que trazem os maiores benefícios financeiros e operacionais para a empresa. Itens Classe A geralmente requerem um maior controle e atenção, enquanto itens Classe C podem ser gerenciados de forma mais simples. Isso permite uma alocação eficiente de recursos, evitando desperdícios e garantindo o atendimento adequado às demandas dos clientes.

É importante ressaltar que a análise ABC não é uma abordagem estática e deve ser atualizada periodicamente, pois as condições de mercado e as demandas dos clientes podem mudar ao longo do tempo. Manter a análise ABC atualizada ajuda a empresa a se adaptar às mudanças e tomar decisões mais informadas em relação à gestão de estoque.

Análise XYZ:

A análise XYZ é uma técnica de classificação de itens no estoque com base na frequência de demanda ou consumo de cada item. Essa classificação é amplamente utilizada na gestão de estoque para priorizar a atenção e os esforços em relação aos itens que têm diferentes padrões de demanda. A análise XYZ classifica os itens em três categorias principais:

1. Itens Classe X: São os itens de maior consumo ou demanda. Esses itens representam uma pequena parcela do total de itens em estoque, mas são responsáveis por uma grande parte das vendas ou do consumo total. Eles exigem uma atenção especial, pois seu esgotamento pode ter um impacto significativo nas operações e nas vendas da empresa.

2. Itens Classe Y: Representam uma parcela intermediária do consumo ou demanda. Esses itens têm um nível de consumo ou demanda menor do que os itens Classe X, mas ainda são relevantes para o negócio. Eles requerem um nível de controle e gestão intermediário.

3. Itens Classe Z: São itens de menor consumo ou demanda. Esses itens correspondem a uma grande parte do total de itens em estoque, mas contribuem com uma parcela pequena das vendas

ou do consumo total. Eles podem ser gerenciados de forma mais simplificada.

A classificação dos itens em cada classe é feita com base no histórico de consumo ou demanda de cada item. Geralmente, a análise XYZ é realizada utilizando dados sobre a quantidade de cada item vendida ou consumida ao longo de um período determinado, como meses ou anos.

A importância da análise XYZ está na capacidade de direcionar os esforços da equipe de gestão de estoque para as atividades que têm maior impacto na operação e nas vendas da empresa. Itens Classe X requerem um maior controle e atenção, pois seu esgotamento pode levar a perdas financeiras significativas. Itens Classe Z podem ser gerenciados de forma mais simples, permitindo uma alocação eficiente de recursos e evitando desperdícios.

Assim como na análise ABC, a análise XYZ não é uma abordagem estática e deve ser atualizada periodicamente para refletir as mudanças nas demandas dos clientes e no comportamento de consumo. Manter a análise XYZ atualizada ajuda a empresa a tomar decisões mais informadas em relação à gestão de estoque e a garantir que os itens mais importantes sejam adequadamente atendidos.

Análise VED:

A análise VED é uma técnica de classificação de itens no estoque com base na criticidade e no valor dos itens. Essa classificação é amplamente utilizada na gestão de estoque para priorizar a atenção e os esforços em relação aos itens que têm diferentes níveis de importância para o negócio. A análise VED classifica os itens em três categorias principais:

1. Itens Classe V (Vital): São os itens considerados vitais para o funcionamento da empresa. Eles são de alta importância e sua falta pode causar sérios impactos nas operações ou até mesmo interromper a produção. Itens Classe V representam uma pequena parcela do total de itens em estoque, mas são essenciais para o funcionamento do negócio.

2. Itens Classe E (Essencial): Representam uma parcela intermediária do estoque e têm importância significativa para a empresa. Sua falta pode causar alguns impactos nas operações, mas não de forma tão crítica quanto os itens Classe V. Itens Classe E requerem atenção e controle adequados.

3. Itens Classe D (Desirable): São itens de menor importância e valor relativo para a empresa. Eles correspondem a uma grande parte do total de itens em estoque, mas sua falta geralmente não causa impactos significativos nas operações. Itens Classe D podem ser gerenciados de forma mais simples.

A classificação dos itens em cada classe é feita com base na análise de sua importância para o funcionamento da empresa e no valor que representam em termos de custo ou receita. Geralmente, a análise VED é realizada com base em dados históricos, como a frequência de uso dos itens ou seu valor em termos financeiros.

A importância da análise VED está na capacidade de direcionar os esforços da equipe de gestão de estoque para os itens que têm maior impacto nas operações e na produção da empresa. Itens Classe V requerem uma atenção especial, pois sua falta pode ter consequências graves para o negócio. Itens Classe D podem ser gerenciados de forma mais simplificada, permitindo uma alocação eficiente de recursos.

Assim como outras análises de classificação de estoque, a análise VED não é uma abordagem estática e deve ser atualizada periodicamente para refletir as mudanças nas operações e nas demandas da empresa. Manter a análise VED atualizada é fundamental para garantir que os itens mais importantes sejam adequadamente atendidos e que a gestão de estoque seja eficiente e alinhada com as necessidades do negócio.

Análise FSN:

A análise FSN é uma técnica de classificação de itens no estoque com base na velocidade de movimentação dos produtos. Essa classificação é amplamente utilizada na gestão de estoque para priorizar a atenção e os esforços em relação aos itens que têm diferentes padrões de movimentação. A análise FSN classifica os itens em três categorias principais:

1. Itens Classe F (Fast-moving): São os itens de rápida movimentação no estoque. Esses itens representam uma grande parcela do total de movimentações, ou seja, são frequentemente vendidos ou consumidos em um curto período de tempo. Itens Classe F requerem uma atenção especial, pois seu alto volume de movimentação pode afetar diretamente a gestão de estoque e o planejamento de compras.

2. Itens Classe S (Slow-moving): Representam uma parcela intermediária das movimentações no estoque. Esses itens têm uma velocidade de movimentação menor que os itens Classe F, ou seja, são vendidos ou consumidos de forma mais lenta. Itens Classe S ainda são relevantes para o negócio, mas requerem um nível de controle e gestão intermediário.

3. Itens Classe N (Non-moving): São itens que têm baixa ou nenhuma movimentação no estoque. Isso significa que esses itens permanecem estocados por um longo período sem serem vendidos ou consumidos. Itens Classe N requerem atenção especial, pois podem representar um risco financeiro para a empresa, já que ocupam espaço de armazenamento e capital de giro sem gerar receitas.

A classificação dos itens em cada classe é feita com base no histórico de movimentação de cada item. Geralmente, a análise FSN é realizada utilizando dados sobre a quantidade de cada item vendida ou consumida ao longo de um período determinado, como meses ou anos.

A importância da análise FSN está na capacidade de direcionar os esforços da equipe de gestão de estoque para os itens que têm maior impacto nas operações e no fluxo de caixa da empresa. Itens Classe F requerem uma gestão mais cuidadosa para garantir que não ocorram faltas de produtos e para evitar a obsolescência. Itens Classe N requerem uma revisão estratégica para decidir se devem ser mantidos no estoque ou descontinuados.

Assim como em outras análises de classificação de estoque, a análise FSN não é uma abordagem estática e deve ser atualizada periodicamente para refletir as mudanças nas demandas dos clientes e no comportamento de consumo. Manter a análise FSN atualizada é fundamental para garantir que os itens mais importantes sejam adequadamente atendidos e que a gestão de estoque seja eficiente e alinhada com as necessidades do negócio.

- Implementação de técnicas de controle de estoque:

Avaliação da Situação Atual:

Podemos perceber que o uso de certas técnicas e ferramentas se repetem, então quanto mais você usar e estiver familiarizado com elas, mais fácil será.

A avaliação da situação atual das técnicas de controle de estoque é uma etapa essencial para identificar o desempenho atual do sistema de gestão de estoque da empresa e identificar possíveis oportunidades de melhoria. Existem várias técnicas de controle de estoque que podem ser utilizadas para avaliar a situação atual, como:

1. Análise ABC: Classificar os itens em estoque com base no valor de uso ou no valor financeiro (análise ABC), identificando os itens de maior importância para a empresa (itens Classe A) e os de menor importância (itens Classe C). Isso ajuda a focalizar a atenção nos itens mais relevantes para o negócio.

2. Análise XYZ: Classificar os itens em estoque com base na demanda ou no consumo, identificando os itens de alta demanda (itens Classe X), os de demanda intermediária (itens Classe Y) e os de baixa demanda (itens Classe Z). Isso permite uma gestão mais eficiente dos estoques, adequando o nível de controle e reposição de acordo com a demanda.

3. Análise VED: Classificar os itens em estoque com base na

criticidade e no valor, identificando os itens vitais (itens Classe V), essenciais (itens Classe E) e desejáveis (itens Classe D). Isso ajuda a priorizar a atenção nos itens mais críticos para a operação da empresa.

4. Análise FSN: Classificar os itens em estoque com base na velocidade de movimentação, identificando os itens de rápida movimentação (itens Classe F), os de movimentação intermediária (itens Classe S) e os de baixa movimentação (itens Classe N). Isso permite identificar itens com alto volume de vendas e os que estão parados há mais tempo.

5. Cálculo de Indicadores de Desempenho: Utilizar indicadores de desempenho específicos para a gestão de estoque, como o giro de estoque, o nível de serviço ao cliente, o tempo médio de ressuprimento, entre outros. Esses indicadores ajudam a avaliar a eficiência e a eficácia do sistema de controle de estoque.

6. Revisão de Processos: Analisar os processos relacionados à gestão de estoque, desde o recebimento e armazenagem de produtos até a expedição e entrega. Identificar gargalos, ineficiências ou oportunidades de melhoria nos processos.

7. Tecnologias e Sistemas: Avaliar o uso de tecnologias e sistemas de informação na gestão de estoque, como sistemas de gerenciamento de estoque, códigos de barras, leitores de código de barras, entre outros. Verificar se essas tecnologias estão sendo utilizadas de forma eficiente e se estão contribuindo para a melhoria do controle de estoque.

Após a avaliação da situação atual, é importante elaborar um plano de ação para implementar as melhorias identificadas. O plano deve incluir metas e prazos claros, bem como a definição das responsabilidades de cada membro da equipe envolvida na gestão de estoque. Acompanhar regularmente os resultados das ações implementadas é fundamental para garantir que as melhorias sejam efetivas e tragam os resultados esperados para a empresa.

Definição de Metas e Indicadores:

A definição de metas e indicadores é uma etapa importante na gestão de estoque, pois permite monitorar o desempenho do sistema de controle e avaliar se os objetivos estão sendo alcançados. Essas metas e indicadores são fundamentais para o planejamento, a tomada de decisões e a melhoria contínua dos processos de estoque. Abaixo estão algumas técnicas comuns para a definição de metas e indicadores na gestão de estoque:

1. Giro de Estoque: O giro de estoque é um indicador que mede a frequência com que o estoque é vendido e reposto em determinado período. Uma meta comum pode ser aumentar o giro de estoque, reduzindo o tempo que os itens permanecem em estoque e melhorando a eficiência na reposição.

2. Nível de Serviço ao Cliente: O nível de serviço ao cliente é a porcentagem de pedidos atendidos dentro do prazo prometido. A meta pode ser manter um alto nível de serviço, garantindo que a maioria dos pedidos seja entregue no prazo estabelecido.

3. Prazo Médio de Entrega: O prazo médio de entrega é o tempo médio que leva para os pedidos serem entregues aos clientes. A meta pode ser reduzir esse prazo, melhorando a agilidade na expedição e logística.

4. Estoque de Segurança: O estoque de segurança é uma quantidade adicional de estoque mantida para evitar a falta de

produtos em caso de flutuações na demanda ou atrasos nas entregas. A meta pode ser otimizar o estoque de segurança, evitando excessos ou faltas.

5. Taxa de Atendimento de Pedidos: A taxa de atendimento de pedidos é a porcentagem de pedidos que são atendidos na primeira tentativa, sem necessidade de backorder ou reprogramação. A meta pode ser aumentar a taxa de atendimento, melhorando a precisão no controle de estoque e no processo de vendas.

6. Índice de Obsolescência: O índice de obsolescência mede a proporção do estoque que se tornou obsoleto e não pode mais ser vendido. A meta pode ser reduzir o índice de obsolescência, evitando a aquisição excessiva de produtos com baixa demanda.

7. Custo de Armazenagem: O custo de armazenagem é o valor gasto com a manutenção do estoque, incluindo aluguel de armazém, seguro, mão de obra, entre outros. A meta pode ser reduzir o custo de armazenagem, otimizando o espaço e os recursos utilizados.

Ao definir as metas e os indicadores, é importante que eles sejam específicos, mensuráveis, atingíveis, relevantes e com prazo definido (SMART). Além disso, é necessário realizar uma análise periódica dos resultados para verificar se as metas estão sendo alcançadas e identificar oportunidades de melhoria na gestão de estoque. O acompanhamento constante dos indicadores é fundamental para garantir o sucesso do controle de estoque e a eficiência das operações da empresa.

Classificação ABC:

A classificação ABC é uma técnica muito utilizada no controle de estoque para categorizar os itens com base em seu valor ou importância para a empresa. A ideia é que nem todos os itens em estoque têm a mesma relevância para o negócio, e, portanto, é importante direcionar os esforços e recursos de forma adequada para cada categoria de itens. A classificação ABC é baseada no Princípio de Pareto, também conhecido como regra 80/20, que afirma que aproximadamente 80% dos efeitos vêm de 20% das causas.

A classificação ABC é realizada da seguinte forma:

1. Classe A: Itens de alto valor ou alta importância - Essa classe representa os itens que têm o maior valor ou importância para a empresa. Normalmente, esses itens são responsáveis por uma parcela significativa do faturamento ou custo total de estoque. Aproximadamente 20% dos itens correspondem a 80% do valor total do estoque. Itens Classe A são os mais críticos e exigem maior atenção e controle.

2. Classe B: Itens de valor ou importância intermediária - Essa classe representa os itens que têm um valor ou importância intermediária para a empresa. Eles são responsáveis por uma parcela moderada do faturamento ou custo total de estoque. Aproximadamente 30% dos itens correspondem a 15% do valor total do estoque. Itens Classe B requerem atenção e controle moderados.

3. Classe C: Itens de baixo valor ou baixa importância - Essa classe representa os itens que têm um valor ou importância menor para a empresa. Eles geralmente são itens de baixo custo ou demanda. Aproximadamente 50% dos itens correspondem a apenas 5% do valor total do estoque. Itens Classe C podem ser gerenciados de forma mais simples e com menos recursos.

A classificação ABC é útil para orientar a estratégia de controle de estoque. Itens Classe A, por exemplo, exigem maior nível de controle e monitoramento, pois representam uma parcela significativa do valor do estoque e podem ter um impacto maior no desempenho financeiro da empresa. Por outro lado, Itens Classe C podem ser gerenciados com menos recursos, uma vez que têm menor impacto financeiro.

A análise ABC pode ser realizada com base no valor monetário dos itens, na quantidade de vendas ou em outros critérios relevantes para o negócio. A frequência de atualização da classificação varia de acordo com o tipo de negócio e a volatilidade das demandas. É importante lembrar que a classificação ABC é uma ferramenta de gestão e deve ser utilizada em conjunto com outras técnicas para garantir uma gestão eficiente e equilibrada do estoque.

Implementação de Sistema de Controle:

A implementação de um sistema de controle de estoque é uma etapa importante para garantir uma gestão eficiente e precisa do estoque da empresa. Existem diversas técnicas e práticas que podem ser utilizadas na implementação desse sistema. Abaixo estão algumas delas:

1. Definir Objetivos: Antes de iniciar a implementação, é fundamental definir claramente os objetivos do sistema de controle de estoque. Isso inclui determinar metas específicas, como redução de custos de estoque, aumento da eficiência na reposição, melhoria do nível de serviço ao cliente, entre outros.

2. Classificação ABC: Utilizar a classificação ABC para categorizar os itens em estoque de acordo com o seu valor ou importância

para a empresa. Isso ajudará a focalizar os esforços e recursos nos itens mais críticos.

3. Tecnologia e Software: Utilizar um software de gerenciamento de estoque ou um sistema de controle de estoque informatizado pode facilitar muito a implementação e o gerenciamento do sistema. Essas ferramentas podem automatizar tarefas, melhorar a precisão dos dados e proporcionar informações em tempo real sobre o estoque.

4. Padronização de Processos: Estabelecer procedimentos padronizados para todas as atividades relacionadas ao controle de estoque, desde o recebimento e armazenamento até a expedição e entrega. A padronização ajuda a garantir consistência e evitar erros.

5. Treinamento da Equipe: Capacitar a equipe responsável pelo controle de estoque, oferecendo treinamentos sobre as técnicas e práticas de gestão de estoque, bem como o uso do sistema informatizado, se aplicável.

6. Estabelecer Políticas e Procedimentos: Definir políticas claras relacionadas ao controle de estoque, como políticas de reposição, políticas de estoque de segurança, políticas de devolução e descarte de produtos, entre outras.

7. Monitoramento e Ajustes: Monitorar regularmente os indicadores de desempenho do estoque, como giro de estoque, taxa de atendimento de pedidos e nível de serviço ao cliente. Com base nos resultados, fazer ajustes e melhorias contínuas no sistema de controle de estoque.

8. Integração entre Setores: Promover a integração entre o setor de compras, vendas, produção e logística, para garantir

a comunicação eficiente e o alinhamento das atividades relacionadas ao estoque.

9. Auditorias Periódicas: Realizar auditorias periódicas no estoque para verificar a precisão dos registros, identificar possíveis desvios e garantir a integridade dos dados.

10. Análise de Demanda e Previsão: Utilizar técnicas de análise de demanda e previsão para estimar a demanda futura e tomar decisões mais precisas sobre a reposição de estoque.

A implementação de um sistema de controle de estoque eficiente pode trazer benefícios significativos para a empresa, como redução de custos, melhoria do nível de serviço ao cliente, aumento da eficiência operacional e melhor utilização dos recursos disponíveis. É importante envolver toda a equipe nesse processo e promover uma cultura de gestão de estoque eficiente e orientada para resultados.

Controle de Compras:

O controle de compras é uma parte fundamental da gestão de estoque, pois está diretamente relacionado ao abastecimento e à reposição dos produtos. Existem diversas técnicas de controle de compras que podem ser aplicadas para otimizar o processo de aquisição de produtos e garantir que o estoque seja mantido de forma eficiente. Algumas dessas técnicas incluem:

1. Análise de Demanda: Utilizar técnicas de análise de demanda, como a média móvel ou a análise de séries temporais, para prever a demanda futura dos produtos. Isso ajuda a determinar quais itens precisam ser comprados e em que quantidade.

2. Estoque de Segurança: Considerar o estoque de segurança

na definição das quantidades a serem compradas. O estoque de segurança é uma reserva de estoque mantida para lidar com variações na demanda ou atrasos nas entregas dos fornecedores.

3. Ponto de Pedido: Estabelecer um ponto de pedido para cada item em estoque. O ponto de pedido é o nível de estoque no qual uma nova compra precisa ser realizada para evitar a falta de produtos.

4. Lote Econômico de Compra (LEC): Calcular o lote econômico de compra para determinar a quantidade ótima a ser comprada, considerando os custos de pedido e os custos de manutenção do estoque.

5. Avaliação de Fornecedores: Realizar uma análise criteriosa dos fornecedores, levando em conta não apenas os preços dos produtos, mas também a qualidade dos produtos, a pontualidade nas entregas e o nível de serviço oferecido.

6. Contratos de Fornecimento: Estabelecer contratos de fornecimento com os principais fornecedores para garantir condições comerciais favoráveis e assegurar o abastecimento contínuo dos produtos.

7. Just-in-Time (JIT): Implementar o sistema Just-in-Time para reduzir a necessidade de manter grandes estoques e receber os produtos somente quando forem necessários para a produção ou para o atendimento de pedidos.

8. Integração com Vendas e Produção: Integrar o setor de compras com os setores de vendas e produção para alinhar a programação de compras com a demanda do mercado e as necessidades da produção.

9. Monitoramento de Indicadores: Acompanhar regularmente os indicadores de desempenho das compras, como o tempo médio de ressuprimento, o custo de aquisição dos produtos e a taxa de atendimento dos pedidos de compra.

10. Negociação com Fornecedores: Buscar negociações mais vantajosas com os fornecedores, seja obtendo descontos por volume de compras ou negociando melhores prazos de pagamento.

A aplicação dessas técnicas de controle de compras contribui para uma gestão mais eficiente do estoque, evitando a falta ou o excesso de produtos, reduzindo custos e garantindo a satisfação dos clientes. O uso de sistemas de controle de estoque informatizados também pode facilitar a implementação dessas técnicas, tornando o processo mais ágil e preciso.

Controle de Recebimento e Expedição:

O controle de recebimento e expedição é uma parte crucial da gestão de estoque, pois envolve o registro e monitoramento das entradas e saídas de produtos no armazém. É fundamental garantir a precisão dessas operações para evitar erros no estoque e garantir a disponibilidade dos produtos para atender aos clientes. Algumas técnicas de controle de recebimento e expedição incluem:

1. Recebimento de Mercadorias:

- Conferência de Nota Fiscal: Verificar se a nota fiscal recebida corresponde aos itens efetivamente entregues, quantidades e preços.

- Inspeção de Qualidade: Realizar uma inspeção para garantir que os produtos recebidos atendam aos padrões de qualidade estabelecidos pela empresa.

- Contagem Física: Realizar uma contagem física dos itens recebidos para garantir a precisão do estoque.

- Registro em Sistema: Registrar as entradas de produtos em um sistema de controle de estoque para manter o inventário atualizado.

2. Expedição de Mercadorias:

- Picking: Utilizar técnicas de picking eficientes para coletar os produtos do estoque de forma rápida e precisa, evitando erros na separação dos pedidos.

- Embalagem: Garantir que os produtos sejam adequadamente embalados e protegidos para evitar danos durante o transporte.

- Registro de Saída: Registrar as saídas de produtos em um sistema de controle de estoque para manter o inventário atualizado.

- Rastreamento: Implementar um sistema de rastreamento para acompanhar a localização das mercadorias em trânsito e garantir a entrega pontual aos clientes.

3. Controle de Validade:

- FIFO (First In, First Out): Priorizar a venda ou uso dos produtos mais antigos, evitando que itens com prazo de validade próximo ao vencimento fiquem obsoletos no estoque.

- Lote e Validade: Registrar informações detalhadas sobre os lotes e prazos de validade dos produtos para facilitar o controle e a identificação de produtos vencidos.

4. Inventário Periódico:

- Realizar inventários periódicos para verificar a precisão do estoque físico em relação aos registros do sistema de controle de estoque.

- Identificar e corrigir divergências entre o estoque físico e o estoque registrado no sistema.

5. Treinamento da Equipe:

- Capacitar a equipe responsável pelo recebimento e expedição para garantir que os procedimentos sejam seguidos corretamente e que a equipe esteja familiarizada com as técnicas de controle de estoque.

6. Integração entre Setores:

- Promover a integração entre os setores de recebimento, expedição, vendas e estoque para garantir a comunicação eficiente e a sincronização das atividades.

A aplicação dessas técnicas de controle de recebimento e expedição ajuda a garantir a acurácia do estoque, reduzir erros e garantir a eficiência nas operações logísticas. Além disso, um sistema de controle de estoque informatizado pode facilitar o registro e monitoramento dessas operações, fornecendo informações em tempo real sobre o estoque da empresa.

Monitoramento Contínuo:

O monitoramento contínuo é uma técnica fundamental no controle de estoque, pois permite que a empresa acompanhe constantemente o fluxo de mercadorias e identifique possíveis desvios ou problemas de forma ágil. Algumas técnicas para realizar o monitoramento contínuo do estoque incluem:

1. Sistema de Gestão Integrado: Utilizar um sistema de gestão integrado ou um software de controle de estoque que permita o acompanhamento em tempo real das entradas, saídas e movimentações de produtos no estoque.

2. Uso de Tecnologias Avançadas: Implementar tecnologias avançadas, como código de barras, RFID (Identificação por Radiofrequência) ou IoT (Internet das Coisas), para automatizar o registro de informações no estoque e facilitar o monitoramento.

3. Indicadores de Desempenho: Estabelecer indicadores de desempenho chave (KPIs) para o estoque, como giro de estoque, nível de serviço, taxa de atendimento de pedidos, entre outros. Monitorar regularmente esses indicadores e agir de forma proativa caso alguma métrica esteja fora da meta.

4. Inventários Rotativos: Realizar inventários rotativos frequentes em pequenas partes do estoque em vez de fazer um inventário geral em grandes intervalos de tempo. Essa prática permite identificar divergências no estoque de forma mais rápida e corrigir problemas em tempo real.

5. Análise ABC e XYZ: Continuar monitorando a classificação ABC e XYZ dos itens em estoque, atualizando a análise regularmente para garantir que os esforços estejam focados nos itens mais importantes.

6. Monitoramento de Validade: Acompanhar de perto a validade dos produtos em estoque, garantindo que itens próximos ao vencimento sejam utilizados ou descartados apropriadamente.

7. Integração entre Setores: Promover a integração entre os setores de compras, vendas, produção e logística, para garantir que as informações sobre o estoque estejam sempre atualizadas e alinhadas entre as diferentes áreas da empresa.

8. Auditorias Periódicas: Realizar auditorias periódicas no estoque para verificar a precisão dos registros e identificar possíveis desvios ou erros.

9. Feedback da Equipe: Incentivar a equipe responsável pelo controle de estoque a fornecer feedback sobre os processos e procedimentos, buscando melhorias contínuas.

O monitoramento contínuo do estoque permite uma gestão mais ágil e eficiente, permitindo que a empresa tome decisões informadas e antecipe possíveis problemas antes que eles afetem negativamente as operações. Com um sistema de controle de estoque bem estruturado e com o uso de tecnologias adequadas, é possível manter um estoque preciso, reduzir custos e melhorar o atendimento ao cliente.

<u>Capacitação da Equipe:</u>

A capacitação da equipe é uma parte essencial do controle de estoque, pois uma equipe bem treinada é capaz de executar as tarefas de forma eficiente, garantindo a precisão e a eficácia das operações relacionadas ao estoque. Algumas técnicas para capacitar a equipe no controle de estoque incluem:

1. Treinamento Inicial: Fornecer um treinamento completo para a equipe quando ela ingressar na empresa ou assumir uma função no controle de estoque. Isso inclui explicar os procedimentos, as políticas da empresa, as técnicas de controle

de estoque e o uso de sistemas e tecnologias específicas.

2. Treinamento Contínuo: Promover treinamentos periódicos e atualizações para garantir que a equipe esteja sempre atualizada sobre novas práticas, procedimentos e tecnologias relacionadas ao controle de estoque.

3. Comunicação Eficiente: Estabelecer uma comunicação clara e aberta com a equipe, incentivando-os a compartilhar dúvidas, sugestões e feedback sobre os processos de controle de estoque.

4. Uso de Ferramentas de Treinamento: Utilizar diferentes recursos para o treinamento, como manuais, guias, vídeos, apresentações e simulações práticas, para facilitar o aprendizado e o entendimento dos processos.

5. Acompanhamento e Feedback: Realizar avaliações periódicas do desempenho da equipe no controle de estoque e fornecer feedback construtivo para incentivar a melhoria contínua.

6. Envolvimento da Equipe: Incentivar a equipe a se envolver nas atividades relacionadas ao estoque, dando-lhes responsabilidades e autonomia na execução das tarefas.

7. Capacitação Técnica: Promover treinamentos específicos em técnicas de gestão de estoque, como o uso de sistemas de controle, métodos de contagem de estoque e técnicas de classificação ABC.

8. Desenvolvimento de Habilidades: Investir no desenvolvimento das habilidades da equipe, como liderança, resolução de problemas, trabalho em equipe e comunicação.

9. Valorização da Equipe: Reconhecer e valorizar o esforço da equipe no controle de estoque, seja através de incentivos financeiros, reconhecimento público ou oportunidades de crescimento na empresa.

10. Benchmarking: Promover a troca de conhecimentos e experiências entre a equipe e outras empresas do mesmo setor, buscando benchmarking e identificando boas práticas para serem implementadas.

A capacitação da equipe no controle de estoque é fundamental para garantir que os processos sejam executados de forma eficiente e precisa, minimizando erros e otimizando a gestão do estoque. Além disso, uma equipe bem treinada se sentirá mais motivada e engajada em suas atividades, contribuindo para o sucesso geral da empresa.

Colaboração entre Departamentos:

A colaboração entre departamentos é essencial para o controle eficiente do estoque, pois o estoque é influenciado por diversas áreas da empresa, como vendas, compras, produção e logística. A falta de comunicação e cooperação entre esses departamentos pode levar a problemas de estoque, como excesso ou falta de produtos. Algumas técnicas para promover a colaboração entre departamentos no controle de estoque incluem:

1. Reuniões e Comunicação Regular: Realizar reuniões periódicas entre os líderes de cada departamento envolvido no controle de estoque para discutir os objetivos, desafios e oportunidades relacionados ao estoque. Além disso, manter uma comunicação aberta e regular entre as equipes é fundamental para garantir que todos estejam alinhados e cientes das necessidades do

estoque.

2. Estabelecer Objetivos Comuns: Definir objetivos compartilhados para o estoque que sejam alinhados com os objetivos gerais da empresa. Isso ajudará a promover o trabalho em equipe e a colaboração entre os departamentos para alcançar esses objetivos.

3. Compartilhamento de Informações: Facilitar o compartilhamento de informações relevantes sobre o estoque entre os departamentos. Isso pode ser feito por meio de sistemas de controle de estoque integrados, relatórios periódicos ou reuniões específicas de alinhamento.

4. Integração de Sistemas: Integrar os sistemas de controle de estoque com os sistemas de outras áreas, como vendas e compras, para que todos tenham acesso às informações atualizadas sobre o estoque em tempo real.

5. Trabalho em Equipe: Estimular o trabalho em equipe entre os colaboradores dos diferentes departamentos, promovendo uma cultura de cooperação e colaboração.

6. Compartilhamento de Previsões: Compartilhar as previsões de demanda e os planos de produção com os departamentos responsáveis pelo controle de estoque, para que eles possam se preparar adequadamente e garantir a disponibilidade dos produtos.

7. Feedback e Melhoria Contínua: Encorajar o feedback dos colaboradores envolvidos no controle de estoque para identificar possíveis melhorias nos processos e procedimentos de colaboração entre os departamentos.

8. Treinamento Interdepartamental: Proporcionar treinamentos e capacitações interdepartamentais para que os colaboradores entendam as operações e as necessidades específicas de cada área.

9. Definir Responsabilidades Claras: Estabelecer claramente as responsabilidades de cada departamento no controle de estoque, garantindo que todos saibam o papel que desempenham no processo e como se relacionam com os outros departamentos.

A colaboração entre departamentos é fundamental para o sucesso do controle de estoque, pois permite que a empresa trabalhe de forma mais integrada, evitando problemas de estoque e otimizando a gestão dos recursos. Quando as equipes se comunicam, compartilham informações e trabalham juntas para atingir metas comuns, o controle de estoque se torna mais eficiente e preciso, contribuindo para o sucesso geral da empresa.

- Inventario:

Planejamento:

O planejamento de inventário é uma etapa crucial para garantir a gestão eficiente do estoque de uma empresa. Consiste em definir as estratégias e processos para realizar o inventário de forma organizada, precisa e oportuna. Abaixo estão alguns passos importantes para o planejamento do inventário:

1. Definir Objetivos: Determine os objetivos do inventário,

como verificar a precisão do estoque, identificar itens obsoletos, ajustar registros, entre outros.

2. Estabelecer Frequência: Defina a frequência com que o inventário será realizado. Pode ser anual, semestral, trimestral ou mais frequente, dependendo da complexidade e tamanho do estoque.

3. Escolher a Metodologia: Existem diferentes metodologias de inventário, como o inventário geral, inventário rotativo (por amostragem) ou inventário cíclico (contagem contínua). Escolha a mais adequada para a empresa.

4. Organizar Equipe: Determine quem será responsável por conduzir o inventário e treine-os adequadamente para a tarefa.

5. Comunicar: Comunique a equipe sobre o plano de inventário com antecedência para que todos estejam preparados e saibam o que esperar.

6. Preparar Documentação: Prepare todos os formulários e documentos necessários para a contagem, como planilhas de registro, etiquetas de identificação, etc.

7. Prever Paradas: Planeje o inventário de modo a minimizar o impacto nas operações normais da empresa. Evite fazê-lo em momentos de alta demanda ou quando for difícil parar a produção.

8. Contagem Física: Realize a contagem física dos itens em estoque de acordo com a metodologia escolhida. Certifique-se de que a equipe esteja seguindo procedimentos precisos e consistentes.

9. Verificação e Ajustes: Após a contagem, verifique se há discrepâncias entre o estoque físico e os registros do sistema. Faça os ajustes necessários para refletir a quantidade real de produtos em estoque.

10. Análise de Resultados: Analise os resultados do inventário para identificar padrões, tendências e possíveis problemas no controle de estoque. Utilize essas informações para melhorar a gestão do estoque no futuro.

11. Relatórios: Prepare relatórios de inventário que detalhem os resultados encontrados e as ações corretivas tomadas.

12. Melhorias Contínuas: Com base nos resultados do inventário, implemente melhorias contínuas nos processos de controle de estoque para evitar futuros problemas e manter a acuracidade do inventário.

O planejamento do inventário é uma atividade estratégica que ajuda a garantir que a empresa tenha um estoque preciso, evitando desperdícios e garantindo a disponibilidade dos produtos para atender à demanda dos clientes. Com um planejamento adequado, a empresa pode minimizar os impactos negativos do inventário nas operações e maximizar os benefícios para a gestão de estoque.

Comunicação:

A comunicação desempenha um papel crucial no processo de inventário, garantindo que todas as etapas sejam realizadas de forma coordenada, precisa e eficiente. Uma comunicação clara e eficaz entre todas as partes envolvidas no inventário é fundamental para evitar erros, minimizar interrupções nas operações e garantir a acurácia dos registros do estoque. Abaixo estão algumas práticas de comunicação importantes durante o inventário:

1. Comunicar o Plano: Antes de realizar o inventário, é essencial comunicar o plano para toda a equipe envolvida, incluindo a data, a hora e o local em que o inventário será realizado. Certifique-se de que todos estejam cientes do objetivo do inventário e das responsabilidades de cada membro da equipe.

2. Envolvimento das Equipes: Envolver todas as equipes relevantes, como compras, vendas, produção e logística, no processo de inventário. Certifique-se de que eles compreendam a importância do inventário para a empresa e a importância da cooperação e contribuição de cada departamento.

3. Treinamento: Realize treinamentos adequados para a equipe que irá conduzir o inventário. Garanta que eles entendam os procedimentos de contagem, uso de equipamentos e ferramentas, e saibam como lidar com situações inesperadas que possam surgir durante o inventário.

4. Comunicar Alterações: Caso ocorram alterações no plano de inventário, como mudanças na data ou local, comunique-as a todos os envolvidos o mais cedo possível para evitar problemas de agendamento.

5. Feedback: Estabeleça um canal de feedback para que a equipe possa compartilhar informações importantes, fazer perguntas ou relatar problemas encontrados durante o inventário. Isso ajuda a resolver questões rapidamente e a tomar decisões

informadas.

6. Acesso à Informação: Garanta que a equipe de inventário tenha acesso às informações atualizadas sobre os itens do estoque, como códigos, descrições e quantidades, para garantir que a contagem seja feita de forma correta.

7. Documentação: Certifique-se de que todos os registros e documentos do inventário sejam devidamente preenchidos e compartilhados com os responsáveis. Isso é importante para garantir a precisão dos dados coletados.

8. Relatórios: Após a conclusão do inventário, compartilhe os resultados e relatórios com as partes interessadas relevantes, como a equipe de compras para identificar possíveis necessidades de reposição ou o departamento financeiro para atualização dos registros contábeis.

9. Melhorias Contínuas: Utilize a comunicação para discutir os resultados do inventário e identificar oportunidades de melhorias contínuas nos processos de controle de estoque.

Uma comunicação clara e aberta durante o inventário é fundamental para garantir que todas as partes envolvidas estejam alinhadas, que as atividades sejam realizadas de forma adequada e que os dados coletados sejam precisos. A comunicação eficaz permite que a empresa identifique e resolva problemas de estoque de forma mais rápida e eficiente, contribuindo para uma gestão de estoque mais eficaz e melhor atendimento aos clientes.

Preparação do Local:

A preparação do local para o inventário é um passo importante para garantir que o processo de contagem seja realizado de forma eficiente e precisa. A seguir, estão algumas etapas importantes para a preparação do local para o inventário:

1. Organização do Espaço: Certifique-se de que o espaço onde o inventário será realizado esteja limpo, organizado e com espaço suficiente para que a equipe de inventário possa se movimentar confortavelmente durante a contagem.

2. Identificação dos Itens: Certifique-se de que todos os itens em estoque estejam devidamente identificados com códigos, etiquetas ou outras informações necessárias para facilitar a contagem.

3. Verificação de Registros: Antes de iniciar o inventário, verifique se os registros do estoque estão atualizados e refletem com precisão a quantidade e a localização dos itens.

4. Preparação de Equipamentos: Certifique-se de que todos os equipamentos necessários para a contagem estejam prontos e em bom estado de funcionamento, como leitores de código de barras, computadores ou planilhas para registro manual.

5. Equipe Designada: Designe uma equipe responsável pela contagem do inventário e forneça a eles as informações necessárias sobre o processo de contagem, as responsabilidades de cada membro e as técnicas a serem utilizadas.

6. Planejamento de Horários: Agende o inventário em um horário que minimize o impacto nas operações normais da empresa, evitando períodos de pico de produção ou vendas.

7. Avaliação de Riscos: Identifique e avalie possíveis riscos que possam afetar o inventário, como itens frágeis, perecíveis ou de alto valor, e tome medidas para minimizar esses riscos durante a contagem.

8. Treinamento da Equipe: Certifique-se de que a equipe designada para o inventário esteja devidamente treinada e familiarizada com os procedimentos de contagem e uso dos equipamentos.

9. Acesso aos Itens: Garanta que a equipe de inventário tenha acesso fácil e seguro aos itens em estoque, para que a contagem possa ser realizada de forma eficiente.

10. Documentação e Ferramentas: Prepare todos os formulários e ferramentas necessárias para o registro dos resultados da contagem, como planilhas, etiquetas ou sistemas de controle de estoque.

11. Comunicação Interna: Comunique a todos os colaboradores sobre o período e o local do inventário, para que possam se programar e colaborar no processo, se necessário.

12. Apoio da Gestão: Certifique-se de que a alta administração da empresa esteja ciente do inventário e apoie o processo, para garantir a importância do mesmo e a disponibilidade de recursos necessários.

Ao realizar uma preparação cuidadosa do local para o inventário, a empresa pode aumentar a eficiência do processo de contagem, reduzir o tempo necessário para a realização do inventário e garantir a precisão dos dados coletados, contribuindo para uma gestão de estoque mais eficiente e confiável.

Contagem Física:

A contagem física no inventário é uma etapa crítica para garantir que os registros de estoque da empresa correspondam à quantidade real de produtos presentes. É um processo minucioso e requer atenção aos detalhes. Abaixo estão alguns passos importantes para realizar a contagem física no inventário:

1. Preparação: Antes de iniciar a contagem, certifique-se de que o local esteja preparado, os itens estejam devidamente organizados e identificados, e que a equipe de inventário esteja ciente das responsabilidades e procedimentos.

2. Equipe de Contagem: Designe uma equipe responsável pela contagem física. Dependendo do tamanho do estoque e da complexidade, você pode precisar de uma equipe maior ou de diferentes equipes para diferentes áreas do estoque.

3. Ferramentas e Equipamentos: Forneça à equipe as ferramentas e equipamentos necessários para a contagem, como leitores de código de barras, planilhas de registro, etiquetas e materiais para anotações.

4. Método de Contagem: Escolha o método de contagem mais adequado para o seu inventário. Pode ser uma contagem cíclica (contagem contínua), contagem total ou amostragem. Certifique-se de que todos os membros da equipe compreendam o método a ser utilizado.

5. Contagem Precisa: Inicie a contagem física, garantindo que cada item seja contado com precisão. Evite contar um item duas vezes ou pular itens durante a contagem.

6. Registro: Registre as quantidades contadas para cada item imediatamente após a contagem. Isso pode ser feito manualmente em uma planilha ou através de um sistema de controle de estoque.

7. Resolução de Discrepâncias: Caso ocorram discrepâncias entre a quantidade contada e a quantidade registrada no sistema, investigue as razões para as diferenças e tome as medidas necessárias para corrigir os registros.

8. Anotações de Observações: Faça anotações de quaisquer problemas ou irregularidades encontradas durante a contagem, como itens danificados, obsoletos ou em falta.

9. Verificação Cruzada: Realize uma verificação cruzada, onde uma equipe verifica a contagem da outra, para garantir maior precisão e confiabilidade nos resultados.

10. Conclusão da Contagem: Certifique-se de que todos os itens tenham sido contados corretamente e que os registros de estoque estejam atualizados com as quantidades reais.

11. Relatório de Resultados: Prepare um relatório com os resultados da contagem física e quaisquer observações ou problemas identificados durante o processo.

12. Melhorias Contínuas: Utilize os resultados do inventário para identificar possíveis melhorias nos processos de controle de estoque e no procedimento de contagem física para evitar erros futuros.

Lembrando que a contagem física no inventário é um processo que requer atenção, precisão e organização. Ao realizar uma contagem física cuidadosa, a empresa pode garantir que seu estoque seja gerenciado de forma eficiente, evitando problemas como excesso ou falta de produtos e garantindo a satisfação dos clientes.

Registro dos Resultados:

O registro dos resultados do inventário é uma etapa essencial para documentar e registrar as informações coletadas durante a contagem física. Esses registros são fundamentais para garantir a acurácia do estoque, fornecer informações para análise posterior e ajudar na tomada de decisões relacionadas ao gerenciamento do estoque. Abaixo estão algumas orientações para o registro dos resultados do inventário:

1. Escolha de Ferramentas: Decida qual método será utilizado para registrar os resultados do inventário. Pode ser por meio de planilhas eletrônicas, sistemas de controle de estoque, softwares específicos ou até mesmo formulários impressos.

2. Identificação dos Itens: Certifique-se de que cada item seja identificado de forma clara e única para evitar erros de registro e garantir que os resultados sejam atribuídos aos itens corretos.

3. Registro da Contagem: Anote as quantidades contadas para cada item durante a contagem física. Se estiver usando planilhas eletrônicas, insira as informações nas células apropriadas. Caso esteja utilizando um sistema de controle de estoque, atualize os registros de quantidade em cada SKU (Stock Keeping Unit).

4. Registre Observações: Faça anotações de quaisquer problemas ou irregularidades encontradas durante o inventário, como itens danificados, obsoletos ou itens em falta. Essas observações são importantes para que sejam tomadas ações corretivas

posteriormente.

5. Verificação Cruzada: Realize uma verificação cruzada dos registros para garantir que os dados estejam corretos e que não haja erros de digitação ou omissões.

6. Arquivamento Adequado: Mantenha os registros do inventário armazenados de forma organizada e segura. Eles serão úteis para referência futura, para análise comparativa em inventários subsequentes e como prova de acurácia, se necessário.

7. Relatório de Resultados: Prepare um relatório com os resultados do inventário. Ele deve incluir informações sobre a data do inventário, a equipe envolvida, as quantidades contadas, as discrepâncias encontradas e outras observações relevantes.

8. Análise dos Resultados: Utilize os registros para realizar uma análise dos resultados do inventário. Identifique padrões, tendências ou problemas recorrentes que possam requerer ações corretivas.

9. Atualização dos Registros: Após a conclusão do inventário, certifique-se de que os registros do estoque no sistema de controle estejam atualizados com as quantidades contadas durante o inventário físico.

10. Ação Corretiva: Com base nos resultados do inventário, tome as medidas corretivas necessárias para resolver problemas identificados, como ajustes de estoque, reposição de itens faltantes ou descarte de itens obsoletos.

11. Melhorias Contínuas: Utilize os resultados do inventário para identificar oportunidades de melhorias contínuas nos processos

de controle de estoque e no procedimento de inventário.

12. Arquivamento de Histórico: Mantenha um registro histórico dos inventários realizados ao longo do tempo. Isso permitirá uma análise comparativa e ajudará a identificar tendências ou padrões no comportamento do estoque.

O registro adequado dos resultados do inventário é fundamental para garantir a precisão e confiabilidade dos registros de estoque da empresa. Além disso, esses registros são uma fonte valiosa de informações para análise e tomada de decisões estratégicas relacionadas à gestão de estoque e ao desempenho geral da empresa.

Análise de Diferenças:

A análise de diferenças no inventário é uma etapa importante para identificar e investigar discrepâncias entre as quantidades físicas contadas durante o inventário e as quantidades registradas no sistema de controle de estoque. Essas diferenças podem ser causadas por vários fatores, como erros de contagem, furtos, danos ou obsolescência de produtos. A seguir, estão algumas orientações para realizar a análise de diferenças no inventário:

1. Comparação de Registros: Compare as quantidades físicas contadas durante o inventário com as quantidades registradas no sistema de controle de estoque. Essa comparação ajudará a identificar discrepâncias e quantificar a extensão das diferenças.

2. Identificação de Padrões: Procure por padrões ou tendências nas diferenças identificadas. Por exemplo, pode haver determinados produtos ou categorias de produtos que apresentam discrepâncias consistentes ao longo do tempo.

3. Verificação de Contagem: Verifique se a contagem física foi realizada com precisão e seguindo os procedimentos estabelecidos. Erros na contagem, como contar um item duas vezes ou pular itens, podem resultar em diferenças significativas.

4. Investigação de Causas: Identifique as possíveis causas das diferenças encontradas. Isso pode incluir erros humanos, problemas de armazenamento, perdas ou danos de produtos, furtos, registros incorretos, entre outros.

5. Verificação de Dados Mestres: Verifique se os dados mestres, como códigos de produtos e unidades de medida, estão corretamente registrados no sistema de controle de estoque. Erros nesses dados podem levar a diferenças nas quantidades registradas.

6. Análise de Inventários Anteriores: Compare os resultados do inventário atual com inventários anteriores para identificar tendências ou padrões ao longo do tempo. Isso pode ajudar a identificar problemas crônicos ou melhorias realizadas.

7. Análise de Custo: Avalie o impacto financeiro das diferenças identificadas no estoque. Isso pode incluir o custo das perdas, danos ou furtos, bem como o custo de ajustes no estoque.

8. Ações Corretivas: Com base nas causas identificadas, tome medidas corretivas para resolver as diferenças no estoque. Isso pode incluir ajustes no sistema de controle, melhorias nos processos de armazenamento ou ações disciplinares em casos de furtos.

9. Melhorias Contínuas: Utilize os resultados da análise

de diferenças para identificar oportunidades de melhorias contínuas nos processos de controle de estoque e no procedimento de inventário.

10. Registro de Ações Tomadas: Documente todas as ações tomadas para resolver as diferenças identificadas. Isso garantirá que a empresa possua um registro completo das medidas adotadas para fins de referência futura e auditorias.

A análise de diferenças no inventário é uma parte crítica do processo de controle de estoque, pois permite que a empresa identifique problemas e tome medidas para melhorar a acurácia e confiabilidade do estoque. Além disso, essa análise fornece informações valiosas para a gestão de estoque e ajuda a garantir que a empresa esteja operando de forma eficiente e eficaz.

Atualização do Sistema:

A atualização do sistema de controle de estoque é uma etapa crucial após a conclusão do inventário físico. Ela consiste em atualizar os registros do estoque no sistema com base nas quantidades contadas durante o inventário. A seguir, estão algumas orientações para realizar a atualização do sistema após o inventário:

1. Comparação de Resultados: Compare as quantidades físicas contadas durante o inventário com as quantidades registradas no sistema de controle de estoque. Identifique as discrepâncias entre as duas informações.

2. Ajustes de Estoque: Faça os ajustes necessários no sistema para refletir as quantidades reais de estoque contadas durante o inventário. Isso inclui aumentar ou diminuir as quantidades registradas de acordo com os resultados do inventário.

3. Registro de Ajustes: Documente todos os ajustes realizados no sistema de controle de estoque. Registre o motivo dos ajustes, a data em que foram feitos e a pessoa responsável pela atualização.

4. Verificação de Dados: Verifique se todos os dados relacionados ao estoque estão corretos no sistema, como códigos de produtos, unidades de medida, preços, entre outros.

5. Integridade do Sistema: Certifique-se de que o sistema de controle de estoque esteja funcionando corretamente após a atualização. Realize testes para garantir a integridade dos dados e a precisão das informações registradas.

6. Informe a Equipe: Comunique à equipe de estoque e aos responsáveis pelo controle de inventário sobre os ajustes realizados no sistema. Assegure-se de que todos estejam cientes das mudanças e do novo estoque registrado.

7. Arquivamento dos Registros: Mantenha um registro detalhado de todos os ajustes feitos no sistema após o inventário. Isso será útil para futuras referências e auditorias.

8. Análise de Tendências: Utilize os resultados do inventário e das atualizações do sistema para realizar uma análise de tendências e identificar possíveis melhorias nos processos de controle de estoque.

9. Melhorias Contínuas: Com base nas informações obtidas no inventário e nas atualizações do sistema, identifique oportunidades de melhorias contínuas nos processos de controle de estoque.

10. Monitoramento: Monitore o estoque regularmente após

a atualização do sistema para garantir que as quantidades registradas estejam alinhadas com as quantidades físicas em estoque.

A atualização do sistema após o inventário é fundamental para garantir que os registros de estoque da empresa estejam precisos e confiáveis. Isso permitirá uma gestão mais eficiente e precisa do estoque, evitando problemas como excesso ou falta de produtos, e garantindo que a empresa tenha informações confiáveis para tomar decisões estratégicas.

Relatório de Inventário:

O relatório de inventário é um documento que resume os resultados da contagem física do estoque realizado em determinado período. Esse relatório é uma ferramenta importante para a gestão do estoque e fornece informações detalhadas sobre a quantidade física de cada item em estoque, bem como a quantidade registrada no sistema de controle de estoque. Abaixo estão alguns elementos que podem ser incluídos em um relatório de inventário:

1. Identificação do Inventário: Inclua informações sobre o inventário, como a data em que foi realizado, o local físico onde ocorreu a contagem e a equipe responsável pela realização do inventário.

2. Lista de Itens em Estoque: Liste todos os itens presentes no estoque, identificando cada produto com seu código, descrição e unidade de medida.

3. Quantidades Contadas: Registre as quantidades físicas contadas para cada item durante o inventário.

4. Quantidades Registradas: Inclua as quantidades registradas no sistema de controle de estoque para cada item.

5. Diferenças: Calcule as diferenças entre as quantidades contadas e as quantidades registradas para cada item. Essas diferenças podem ser expressas em termos absolutos ou em porcentagem.

6. Classificação ABC: Classifique os itens de acordo com a análise ABC, destacando os itens de maior relevância e valor para a empresa.

7. Observações: Faça anotações sobre observações relevantes durante o inventário, como itens danificados, produtos em falta, itens obsoletos, entre outros.

8. Ações Corretivas: Liste as ações corretivas tomadas ou a serem tomadas com base nos resultados do inventário, como ajustes de estoque, reposição de itens faltantes, entre outros.

9. Análise de Tendências: Utilize o relatório para realizar uma análise de tendências, comparando os resultados do inventário atual com inventários anteriores e identificando padrões ou variações no estoque.

10. Conclusões: Faça uma conclusão geral do inventário, destacando os principais resultados, pontos de melhoria e oportunidades de otimização do controle de estoque.

11. Recomendações: Com base nos resultados do inventário, inclua recomendações para melhorar o controle de estoque e evitar problemas futuros.

12. Assinaturas e Aprovação: Inclua as assinaturas das pessoas responsáveis pelo inventário e pela aprovação do relatório.

O relatório de inventário é uma ferramenta valiosa para avaliar a acurácia do estoque da empresa e tomar decisões estratégicas relacionadas à gestão de estoque. Ele fornece informações detalhadas sobre a situação atual do estoque, identifica discrepâncias entre as quantidades físicas e registradas e auxilia na identificação de oportunidades de melhorias contínuas nos processos de controle de estoque.

Análise de Resultados:

A análise de resultados do inventário é uma etapa crucial para entender a situação atual do estoque, identificar problemas e oportunidades de melhoria, e tomar decisões estratégicas para a gestão eficiente do estoque. A seguir estão alguns passos para realizar a análise de resultados do inventário:

1. Comparação de Quantidades: Compare as quantidades contadas durante o inventário com as quantidades registradas no sistema de controle de estoque. Identifique e analise as diferenças entre as quantidades físicas e as quantidades registradas.

2. Análise de Discrepâncias: Identifique as causas das discrepâncias encontradas durante o inventário. Pode ser por erros de contagem, problemas de armazenamento, perdas, furtos, registros incorretos, entre outros fatores.

3. Classificação ABC: Utilize a classificação ABC para identificar os itens mais relevantes e valiosos para a empresa em termos de estoque. Priorize a gestão dos itens de maior importância.

4. Análise de Tendências: Compare os resultados do inventário atual com inventários anteriores para identificar tendências ao longo do tempo. Isso ajudará a identificar problemas recorrentes ou melhorias realizadas.

5. Análise Financeira: Avalie o impacto financeiro das discrepâncias identificadas no estoque. Calcule o custo das perdas, danos ou furtos, bem como o custo dos ajustes no estoque.

6. Ações Corretivas: Com base nas causas identificadas das discrepâncias, tome ações corretivas para resolver os problemas no estoque. Isso pode incluir ajustes no sistema de controle, melhorias nos processos de armazenamento, treinamento da equipe, entre outros.

7. Identificação de Oportunidades: Identifique oportunidades de melhoria nos processos de controle de estoque com base nos resultados do inventário. Busque otimizar a gestão do estoque, reduzir perdas e melhorar a acurácia das informações.

8. Alinhamento de Estoques: Verifique se as quantidades registradas no sistema de controle estão alinhadas com as quantidades físicas em estoque. Ajuste o sistema conforme necessário para refletir a realidade do estoque.

9. Relatório de Resultados: Prepare um relatório completo com os resultados da análise do inventário. Inclua gráficos, tabelas e outras informações visuais para facilitar a compreensão dos resultados.

10. Apresentação de Resultados: Apresente os resultados da análise para a equipe de estoque e outras partes interessadas.

Explique as conclusões, ações corretivas e oportunidades de melhoria identificadas.

11. Monitoramento Contínuo: Mantenha um monitoramento contínuo do estoque após o inventário para garantir que as melhorias implementadas estejam funcionando e que o estoque esteja sendo gerenciado de forma eficiente.

A análise de resultados do inventário é uma etapa essencial para garantir a acurácia e confiabilidade do estoque da empresa. Ela fornece informações valiosas para a tomada de decisões estratégicas e permite a implementação de melhorias contínuas nos processos de controle de estoque.

Monitoramento Contínuo:

O monitoramento contínuo do inventário é uma prática essencial para garantir a acurácia e a eficiência na gestão de estoque ao longo do tempo. Essa atividade envolve a revisão regular das informações de estoque, o acompanhamento de indicadores-chave de desempenho e a implementação de ações corretivas quando necessário. Abaixo estão algumas etapas importantes para realizar o monitoramento contínuo do inventário:

1. Indicadores de Desempenho: Defina indicadores de desempenho relevantes para o estoque, como índice de acurácia, giro de estoque, índice de atendimento de pedidos, entre outros. Acompanhe esses indicadores em intervalos regulares para avaliar a eficiência e a eficácia do controle de estoque.

2. Atualização Regular: Mantenha o sistema de controle de estoque atualizado com as informações mais recentes, incluindo entradas e saídas de produtos, ajustes de estoque e outras

transações relevantes.

3. Comparação com Metas: Compare os resultados do estoque com as metas e objetivos estabelecidos para identificar discrepâncias e oportunidades de melhoria.

4. Análise de Tendências: Analise as tendências ao longo do tempo para identificar padrões ou mudanças significativas no estoque, permitindo uma abordagem proativa para resolver problemas.

5. Auditorias Periódicas: Realize auditorias periódicas para verificar a acurácia do estoque físico em relação às informações registradas no sistema de controle. Isso ajuda a identificar e corrigir erros ou desvios no inventário.

6. Feedback da Equipe: Ouça o feedback da equipe de estoque e de outros envolvidos no processo de controle de estoque para identificar questões e possíveis melhorias.

7. Treinamento e Capacitação: Forneça treinamento e capacitação contínuos à equipe de estoque para garantir que eles estejam atualizados com os procedimentos e práticas adequadas.

8. Ações Corretivas: Tome medidas corretivas imediatas em caso de desvios ou problemas no estoque, como ajustes de estoque, identificação de causas raiz e implementação de soluções.

9. Atualização de Políticas e Procedimentos: Revise periodicamente as políticas e procedimentos de controle de estoque para garantir que estejam alinhados com as melhores práticas e com as necessidades da empresa.

10. Melhorias Contínuas: Use os resultados do monitoramento contínuo para identificar oportunidades de melhorias contínuas nos processos de controle de estoque e na gestão do inventário.

O monitoramento contínuo do inventário ajuda a evitar problemas como estoque desatualizado, perdas, excesso de estoque e falta de produtos. Além disso, permite que a empresa tenha informações precisas e atualizadas para tomar decisões estratégicas, melhorar a eficiência operacional e atender às necessidades dos clientes de forma eficaz.

- Gestão de fornecedores:

Mapeamento e Categorização:

O mapeamento e categorização de fornecedores é uma etapa importante na gestão de fornecedores de uma empresa. Essa atividade envolve a identificação e análise dos diferentes fornecedores que a empresa utiliza, bem como a classificação deles em categorias com base em critérios específicos. A seguir estão os passos para realizar o mapeamento e categorização de fornecedores:

1. Identificação de Fornecedores: Liste todos os fornecedores com os quais a empresa possui relacionamento. Isso pode incluir fornecedores de matérias-primas, insumos, produtos acabados, serviços, entre outros.

2. Coleta de Informações: Obtenha informações detalhadas sobre cada fornecedor, como nome, localização, histórico de fornecimento, capacidade de produção, qualidade dos produtos ou serviços, prazos de entrega, preços, entre outros.

3. Critérios de Categorização: Defina os critérios que serão utilizados para categorizar os fornecedores. Isso pode incluir fatores como volume de compras, importância estratégica, confiabilidade, qualidade dos produtos, capacidade de inovação, entre outros.

4. Análise dos Fornecedores: Analise as informações coletadas para avaliar o desempenho de cada fornecedor em relação aos critérios estabelecidos. Isso ajudará a identificar os fornecedores mais relevantes e estratégicos para a empresa.

5. Categorização: Com base na análise, classifique os fornecedores em diferentes categorias. Por exemplo, podem ser criadas categorias como "fornecedores estratégicos", "fornecedores de alto volume", "fornecedores de baixo custo", entre outras.

6. Estratégias de Gestão: Desenvolva estratégias de gestão específicas para cada categoria de fornecedores. Por exemplo, fornecedores estratégicos podem receber um tratamento diferenciado e maior colaboração, enquanto fornecedores de baixo custo podem ser mais focados em redução de despesas.

7. Avaliação Contínua: Realize avaliações contínuas dos fornecedores para garantir que eles atendam aos padrões de qualidade, prazo de entrega e outros critérios estabelecidos. Isso ajudará a identificar possíveis problemas e oportunidades de melhoria.

8. Diversificação de Fornecedores: Considere a possibilidade de diversificar a base de fornecedores para reduzir riscos de dependência excessiva de um único fornecedor.

9. Relacionamento Colaborativo: Busque estabelecer um relacionamento colaborativo com os fornecedores estratégicos, trabalhando em parceria para alcançar objetivos comuns.

10. Revisão Periódica: Faça revisões periódicas do mapeamento e categorização de fornecedores para garantir que ele esteja atualizado e alinhado com as necessidades e estratégias da empresa.

O mapeamento e categorização de fornecedores são práticas fundamentais para uma gestão eficiente e estratégica da cadeia de suprimentos. Isso permite que a empresa identifique os fornecedores mais adequados para suas necessidades, estabeleça relacionamentos sólidos com eles e garanta um fluxo contínuo de materiais e serviços de qualidade para suas operações.

Critérios de Seleção:

Os critérios de seleção de fornecedores são elementos-chave que as empresas utilizam para avaliar e escolher os fornecedores mais adequados para suas necessidades e estratégias de negócio. Eles podem variar de acordo com o setor de atuação da empresa, o tipo de produto ou serviço que está sendo adquirido e as prioridades específicas da organização. No entanto, alguns critérios comuns de seleção de fornecedores incluem:

1. Qualidade do Produto ou Serviço: A qualidade do produto ou serviço fornecido pelo fornecedor é um critério fundamental de seleção. As empresas procuram fornecedores que possam fornecer produtos ou serviços que atendam ou excedam seus padrões de qualidade.

2. Preço Competitivo: O custo do produto ou serviço é um fator crítico para muitas empresas. Os fornecedores que oferecem preços competitivos são geralmente preferidos, desde que a qualidade seja mantida.

3. Confiabilidade e Prazos de Entrega: A capacidade do fornecedor de cumprir prazos de entrega é essencial para manter a eficiência das operações da empresa. Fornecedores confiáveis, que entregam no prazo e sem atrasos, são valorizados.

4. Capacidade de Produção e Disponibilidade de Estoques: A capacidade de produção do fornecedor é importante para garantir que ele possa atender às demandas da empresa. Além disso, a disponibilidade de estoques pode ser relevante para situações de emergência ou variações na demanda.

5. Capacidade de Inovação: Fornecedores que oferecem produtos ou serviços inovadores podem proporcionar uma vantagem competitiva para a empresa. A capacidade de inovação do fornecedor pode contribuir para o desenvolvimento de novos produtos ou processos.

6. Localização Geográfica: A localização do fornecedor pode ser um fator importante, especialmente em relação a prazos de entrega e custos de transporte.

7. Certificações e Conformidade: Certificações de qualidade, ambientais ou de segurança podem ser um diferencial importante para alguns setores ou para empresas que buscam fornecedores comprometidos com práticas sustentáveis.

8. Estabilidade Financeira: A estabilidade financeira do fornecedor é relevante, pois indica a sua capacidade de cumprir os compromissos a longo prazo.

9. Reputação e Referências: A reputação do fornecedor no mercado e as referências de outros clientes podem ajudar a avaliar sua confiabilidade e histórico de atendimento.

10. Suporte Técnico e Pós-venda: Fornecedores que oferecem suporte técnico e serviços pós-venda eficientes podem agregar valor ao relacionamento com a empresa.

É importante que a empresa defina seus critérios de seleção de fornecedores com base nas suas necessidades específicas e alinhados com sua estratégia de negócio. Além disso, é recomendado realizar uma avaliação sistemática dos fornecedores em potencial, comparando-os com os critérios estabelecidos, a fim de tomar decisões de compra mais informadas e estratégicas.

Contratos e Acordos:

A gestão de fornecedores envolve a celebração de contratos e acordos para formalizar os termos e condições da relação entre a empresa e seus fornecedores. Esses contratos e acordos são fundamentais para garantir a transparência, segurança e o cumprimento das obrigações por ambas as partes. Abaixo estão algumas práticas relacionadas à gestão de fornecedores por meio de contratos e acordos:

1. Identificação das Necessidades: Antes de iniciar qualquer negociação, é essencial que a empresa identifique suas necessidades de produtos ou serviços e estabeleça os requisitos específicos que devem ser atendidos pelo fornecedor.

2. Negociação dos Termos: Durante a fase de negociação, a empresa e o fornecedor discutem e definem os termos do contrato ou acordo, incluindo preços, prazos de entrega, garantias, condições de pagamento, penalidades por descumprimento, entre outros.

3. Elaboração do Contrato: Com base nas negociações, é elaborado um contrato formal que registra todos os termos e condições acordados entre as partes. O contrato deve ser claro, completo e juridicamente sólido.

4. Revisão Jurídica: É recomendável que o contrato seja revisado por profissionais jurídicos, a fim de garantir que todas as cláusulas estejam em conformidade com as leis e regulamentações aplicáveis.

5. Acordo de Confidencialidade: Em alguns casos, pode ser necessário firmar um acordo de confidencialidade com o fornecedor, especialmente se informações sensíveis ou estratégicas forem compartilhadas durante a negociação ou execução do contrato.

6. Acordo de Qualidade: Quando se trata de fornecedores de produtos, é comum estabelecer um acordo de qualidade para garantir que os produtos atendam aos padrões e especificações definidos pela empresa.

7. Acompanhamento e Cumprimento: Uma vez firmado o contrato, é importante que a empresa acompanhe de perto o cumprimento das obrigações por parte do fornecedor e, se necessário, tome medidas corretivas em caso de descumprimento.

8. Renegociação: À medida que o relacionamento com o fornecedor avança, pode ser necessário realizar renegociações periódicas para ajustar os termos do contrato de acordo com as mudanças nas necessidades da empresa ou do mercado.

9. Encerramento do Contrato: Em caso de insatisfação ou necessidade de encerramento do contrato, é importante garantir que as cláusulas de rescisão sejam seguidas, evitando assim problemas futuros.

A gestão eficiente de fornecedores por meio de contratos e acordos contribui para um relacionamento mais transparente e benéfico para ambas as partes. Ela proporciona maior segurança nas operações e ajuda a empresa a alcançar seus objetivos estratégicos por meio de parcerias sólidas e confiáveis com seus fornecedores.

Desenvolvimento de Parcerias:

O desenvolvimento de parcerias com os fornecedores é uma prática essencial na gestão de fornecedores. Uma parceria bem-sucedida envolve a construção de relacionamentos de longo prazo baseados em confiança, colaboração e benefícios mútuos. Abaixo estão algumas estratégias para desenvolver parcerias efetivas com os fornecedores:

1. Comunicação Aberta: Estabeleça uma comunicação aberta e transparente com os fornecedores. Compartilhe informações relevantes sobre as necessidades da empresa, estratégias, planos de crescimento e mudanças nas demandas.

2. Objetivos Compartilhados: Identifique os objetivos comuns entre a empresa e o fornecedor e alinhe as estratégias para alcançá-los. Isso ajudará a criar uma base sólida para a parceria.

3. Colaboração: Promova uma cultura de colaboração entre a empresa e os fornecedores. Busque trabalhar em conjunto para resolver desafios, melhorar processos e inovar.

4. Avaliação de Desempenho: Realize avaliações periódicas do desempenho dos fornecedores e forneça feedback construtivo para incentivar melhorias contínuas.

5. Reconhecimento: Reconheça e valorize o bom desempenho dos fornecedores. Isso pode ser feito por meio de prêmios, certificações ou outros mecanismos de reconhecimento.

6. Desenvolvimento Conjunto: Explore oportunidades para desenvolver novos produtos, serviços ou soluções em parceria com os fornecedores. Isso pode levar a inovações e diferenciação no mercado.

7. Compartilhamento de Informações: Compartilhe informações relevantes sobre previsões de demanda, tendências do mercado e mudanças na indústria. Isso ajudará o fornecedor a se preparar e se adaptar às necessidades da empresa.

8. Fornecedores Estratégicos: Identifique fornecedores estratégicos que são cruciais para o sucesso da empresa e trabalhe de forma mais próxima e colaborativa com eles.

9. Desenvolvimento de Capacidades: Auxilie os fornecedores no desenvolvimento de suas capacidades e processos, quando necessário. Isso pode melhorar a qualidade dos produtos ou serviços fornecidos.

10. Confiança e Integridade: Construa um relacionamento de confiança e integridade com os fornecedores. Cumpra os compromissos assumidos e seja transparente em todas as interações.

11. Resolução de Conflitos: Esteja preparado para lidar com conflitos de forma construtiva e respeitosa, buscando soluções que beneficiem ambas as partes.

O desenvolvimento de parcerias sólidas com os fornecedores pode trazer diversos benefícios para a empresa, como maior eficiência nas operações, redução de custos, acesso a inovações, melhoria na qualidade dos produtos ou serviços e maior capacidade de resposta às demandas do mercado. Portanto, é importante investir tempo e esforço para cultivar relacionamentos positivos e produtivos com os fornecedores ao longo do tempo.

Monitoramento de Desempenho:

O monitoramento de desempenho dos fornecedores é uma etapa fundamental na gestão de fornecedores, pois permite avaliar o cumprimento dos requisitos acordados, a eficiência das operações do fornecedor e a qualidade dos produtos ou serviços fornecidos. Abaixo estão algumas práticas importantes relacionadas ao monitoramento de desempenho dos fornecedores:

1. Definição de Indicadores-Chave de Desempenho (KPIs): Identifique os indicadores-chave que serão utilizados para medir o desempenho dos fornecedores. Esses KPIs podem incluir itens como qualidade do produto, pontualidade na entrega, atendimento a pedidos, eficiência do processo, entre outros.

2. Estabelecimento de Metas: Defina metas específicas para cada indicador de desempenho, estabelecendo níveis de referência para avaliar o desempenho do fornecedor ao longo do tempo.

3. Coleta de Dados: Implemente um sistema para coletar regularmente os dados relacionados aos indicadores de desempenho dos fornecedores. Essa coleta pode ser feita por meio de relatórios, auditorias, avaliações de clientes, entre outros métodos.

4. Análise dos Resultados: Analise os dados coletados para

avaliar o desempenho dos fornecedores em relação às metas estabelecidas. Identifique pontos fortes e áreas de melhoria.

5. Feedback aos Fornecedores: Forneça feedback detalhado aos fornecedores sobre seu desempenho. Destaque os pontos positivos e as áreas que precisam ser aprimoradas.

6. Ações Corretivas: Caso sejam identificados desvios em relação às metas, trabalhe com os fornecedores para desenvolver planos de ação corretiva. Acompanhe a implementação dessas ações e seus resultados.

7. Revisão Periódica: Realize revisões periódicas do desempenho dos fornecedores em reuniões de avaliação. Use essas revisões como oportunidades para discutir a colaboração futura e aprimoramentos contínuos.

8. Reconhecimento do Bom Desempenho: Reconheça e premie os fornecedores que apresentam um desempenho excepcional, incentivando a continuidade de boas práticas.

9. Integração com o Sistema de Gestão: Integre o monitoramento de desempenho dos fornecedores ao sistema de gestão da empresa para garantir que os resultados sejam considerados na tomada de decisões de compra.

10. Benchmarking: Utilize o benchmarking para comparar o desempenho dos fornecedores com os melhores do setor, buscando oportunidades de melhoria contínua.

O monitoramento de desempenho dos fornecedores é um processo contínuo e dinâmico, e sua importância está em garantir que os fornecedores estejam atendendo adequadamente às necessidades da empresa e contribuindo para seu sucesso. Ao acompanhar e avaliar o desempenho dos fornecedores, a empresa pode tomar decisões mais informadas sobre parcerias comerciais, promover melhorias na cadeia de suprimentos e manter um alto padrão de qualidade e eficiência em suas operações.

Auditorias e Avaliações:

As auditorias e avaliações são práticas importantes na gestão de fornecedores, pois permitem uma avaliação mais detalhada do desempenho, conformidade e eficiência dos fornecedores. Essas atividades ajudam a garantir que os fornecedores estejam atendendo aos requisitos acordados e cumprindo as normas e regulamentações aplicáveis. Abaixo estão algumas informações sobre auditorias e avaliações na gestão de fornecedores:

1. Auditoria de Qualificação: A auditoria de qualificação é realizada para avaliar a capacidade e a competência dos fornecedores em atender às necessidades da empresa. Ela geralmente é feita antes da seleção ou contratação de um novo fornecedor.

2. Auditoria de Desempenho: A auditoria de desempenho é realizada para avaliar o cumprimento das metas e padrões estabelecidos pelo contrato ou acordo com o fornecedor. Ela pode incluir a análise de indicadores de desempenho, qualidade dos produtos ou serviços, pontualidade na entrega, entre outros aspectos relevantes.

3. Auditoria de Conformidade: A auditoria de conformidade tem como objetivo verificar se o fornecedor está cumprindo as normas e regulamentações aplicáveis, como leis trabalhistas, ambientais, de segurança e outros requisitos legais.

4. Avaliação de Risco: A avaliação de risco é realizada para identificar e avaliar os riscos associados ao relacionamento com o fornecedor. Isso inclui a análise de riscos operacionais, financeiros, de reputação e outros que possam afetar a empresa.

5. Avaliação de Sustentabilidade: A avaliação de sustentabilidade é realizada para verificar se o fornecedor está adotando práticas sustentáveis em suas operações, como redução de emissões de carbono, uso eficiente de recursos naturais e políticas de responsabilidade social corporativa.

6. Avaliação de Qualidade: A avaliação de qualidade é importante para garantir que os produtos ou serviços fornecidos atendam aos padrões de qualidade estabelecidos pela empresa. Isso pode envolver testes de amostras, análise de relatórios de controle de qualidade do fornecedor, entre outras atividades.

7. Revisão de Contratos: Periodicamente, é importante revisar os contratos e acordos com os fornecedores para garantir que eles estejam alinhados com as necessidades e metas da empresa.

8. Auditorias In Loco: Em algumas situações críticas, pode ser necessário realizar auditorias in loco nas instalações do fornecedor para verificar suas operações e processos de produção.

9. Acompanhamento das Ações Corretivas: Caso sejam identificadas não conformidades ou áreas de melhoria, é essencial acompanhar a implementação das ações corretivas pelos fornecedores.

10. Feedback e Melhoria Contínua: Forneça feedback detalhado sobre os resultados das auditorias e avaliações aos fornecedores,

incentivando a melhoria contínua e a resolução de problemas.

As auditorias e avaliações na gestão de fornecedores são processos críticos para garantir a qualidade, conformidade e eficiência na cadeia de suprimentos. Ao realizar essas atividades de forma sistemática e abrangente, a empresa pode tomar decisões mais informadas em relação aos fornecedores, minimizar riscos e maximizar os benefícios de suas parcerias comerciais.

Diversificação de Fornecedores:

A diversificação de fornecedores é uma estratégia importante na gestão de fornecedores, que envolve a busca por alternativas e a utilização de diferentes fornecedores para atender às necessidades da empresa. Essa abordagem visa reduzir riscos, aumentar a flexibilidade e a competitividade, garantir a qualidade dos produtos ou serviços e melhorar o relacionamento com os fornecedores. Abaixo estão alguns benefícios e considerações importantes sobre a diversificação de fornecedores:

Benefícios da Diversificação de Fornecedores:

1. Redução de Riscos: Ao ter múltiplos fornecedores, a empresa fica menos vulnerável a possíveis problemas em um único fornecedor, como interrupções na cadeia de suprimentos, falhas na qualidade, entre outros.

2. Flexibilidade: A diversificação permite que a empresa tenha mais flexibilidade para se adaptar a mudanças nas condições do mercado, demanda dos clientes ou situações imprevistas.

3. Competitividade: Ao abrir a possibilidade de negociar com diferentes fornecedores, a empresa pode obter melhores

condições comerciais e preços mais competitivos.

4. Inovação: Diferentes fornecedores podem oferecer soluções inovadoras, possibilitando que a empresa tenha acesso a novas tecnologias, produtos ou serviços.

5. Melhor Relacionamento com Fornecedores: Ao trabalhar com diversos fornecedores, a empresa pode desenvolver relacionamentos mais sólidos e colaborativos com cada um deles.

Considerações para a Diversificação de Fornecedores:

1. Avaliação de Desempenho: Antes de diversificar os fornecedores, é importante realizar uma análise criteriosa do desempenho e qualidade dos possíveis fornecedores, garantindo que eles atendam aos requisitos da empresa.

2. Gestão Eficiente: A diversificação de fornecedores pode exigir um maior esforço de gestão, pois a empresa precisará monitorar o desempenho de diferentes fornecedores e garantir que todos estejam alinhados com os padrões de qualidade e requisitos da empresa.

3. Equilíbrio de Fornecedores: É essencial encontrar o equilíbrio certo entre o número de fornecedores e a demanda da empresa. Ter muitos fornecedores para uma única necessidade pode dificultar a gestão e a eficiência.

4. Custos de Transição: A diversificação de fornecedores pode envolver custos adicionais, como mudanças no processo de produção ou logística. É importante avaliar os custos de transição e os benefícios a longo prazo.

5. Contratos e Relacionamentos: É fundamental estabelecer contratos sólidos e relacionamentos de confiança com os fornecedores, independentemente de serem de longa data ou novos na parceria.

6. Comunicação: A comunicação eficiente com os fornecedores é essencial para alinhar expectativas, metas e requisitos, garantindo que todos estejam trabalhando em harmonia.

A diversificação de fornecedores é uma estratégia que pode trazer diversos benefícios para a empresa, mas deve ser cuidadosamente planejada e gerenciada. É importante avaliar a real necessidade de diversificação com base nos riscos e nas oportunidades do mercado, buscando sempre a melhor adequação para o sucesso da gestão de fornecedores.

Gestão de Riscos:

A gestão de riscos na gestão de fornecedores é uma prática essencial para identificar, avaliar e mitigar os riscos associados à relação com os fornecedores. Essa abordagem visa garantir que a empresa esteja preparada para lidar com possíveis eventos adversos que possam afetar a cadeia de suprimentos e as operações da empresa. Abaixo estão algumas etapas importantes na gestão de riscos em relação aos fornecedores:

1. Identificação de Riscos: Identifique os diferentes tipos de riscos que podem afetar a empresa em relação aos fornecedores. Isso pode incluir riscos operacionais, financeiros, de qualidade, de entrega, de conformidade, de reputação, entre outros.

2. Avaliação de Riscos: Avalie a probabilidade de ocorrência e o impacto de cada risco identificado. Isso permitirá priorizar os

riscos mais críticos e desenvolver planos de ação adequados.

3. Análise de Fornecedores: Realize uma análise detalhada dos fornecedores existentes ou potenciais para avaliar sua estabilidade financeira, histórico de desempenho, conformidade com normas e regulamentações, capacidade de entrega, entre outros aspectos relevantes.

4. Plano de Mitigação de Riscos: Desenvolva planos de mitigação para lidar com os riscos identificados. Esses planos podem incluir ações corretivas, planos de contingência, diversificação de fornecedores, revisão de contratos, entre outras medidas.

5. Monitoramento Contínuo: O monitoramento contínuo dos fornecedores é essencial para garantir que eles estejam cumprindo os requisitos e padrões estabelecidos pela empresa. Isso pode ser feito por meio de indicadores de desempenho, auditorias, feedback dos clientes, entre outros métodos.

6. Parcerias Sólidas: Desenvolva parcerias sólidas com os fornecedores, baseadas em confiança, comunicação aberta e alinhamento de objetivos. Isso pode ajudar a reduzir riscos e melhorar a colaboração.

7. Diversificação de Fornecedores: Considere diversificar os fornecedores para reduzir a dependência excessiva de um único fornecedor e aumentar a flexibilidade da cadeia de suprimentos.

8. Gestão de Contratos: Certifique-se de que os contratos com os fornecedores sejam claros, detalhados e estejam alinhados com as necessidades e expectativas da empresa. Isso ajudará a definir responsabilidades e obrigações de ambas as partes.

9. Treinamento e Capacitação: Invista em treinamento e

capacitação para a equipe responsável pela gestão de fornecedores, garantindo que eles estejam preparados para lidar com situações de risco e tomar decisões adequadas.

10. Aprendizado Contínuo: Promova uma cultura de aprendizado contínuo na empresa, incentivando a análise de lições aprendidas com eventos passados e a busca por melhorias contínuas na gestão de riscos.

A gestão de riscos na gestão de fornecedores é uma responsabilidade compartilhada entre diversas áreas da empresa, incluindo compras, qualidade, logística, entre outras. Uma abordagem sistemática e proativa na identificação e mitigação de riscos pode ajudar a empresa a fortalecer sua cadeia de suprimentos, reduzir custos, melhorar a qualidade dos produtos ou serviços e garantir a continuidade das operações mesmo diante de desafios.

Feedback e Comunicação:

Feedback e comunicação eficazes são elementos fundamentais na gestão de fornecedores. Através de uma comunicação aberta e transparente e da troca constante de feedback, é possível estabelecer relações sólidas e de confiança com os fornecedores, além de melhorar a colaboração e o desempenho geral da cadeia de suprimentos. Abaixo estão algumas diretrizes importantes para uma efetiva gestão de fornecedores relacionadas ao feedback e comunicação:

1. Comunicação Clara e Aberta: Estabeleça uma linha de comunicação clara e aberta com os fornecedores, assegurando que ambas as partes possam se comunicar de forma eficaz. Certifique-se de que os canais de comunicação sejam facilmente acessíveis e que as informações sejam compartilhadas de

maneira transparente.

2. Expectativas e Requisitos: Comunique claramente as expectativas e requisitos da empresa aos fornecedores desde o início da relação comercial. Isso ajudará a alinhar as expectativas e garantir que os fornecedores estejam cientes das exigências da empresa.

3. Feedback Construtivo: Forneça feedback construtivo e específico aos fornecedores sobre seu desempenho. Isso pode incluir elogios quando o fornecedor atinge metas ou excede as expectativas, bem como sugestões de melhorias quando necessário.

4. Feedback Bidirecional: Encoraje os fornecedores a fornecerem feedback sobre a empresa, seus produtos ou serviços, e o relacionamento de forma geral. Este feedback pode ser valioso para identificar áreas de melhoria e fortalecer a parceria.

5. Reuniões Periódicas: Realize reuniões periódicas com os fornecedores para revisar o desempenho, discutir questões importantes e planejar ações futuras. Essas reuniões são oportunidades importantes para trocar informações e alinhar estratégias.

6. Resolução de Problemas: Se surgirem problemas com fornecedores, aborde-os prontamente e trabalhe junto com o fornecedor para encontrar soluções adequadas. Ações rápidas e efetivas podem evitar a escalada de problemas e minimizar impactos negativos na cadeia de suprimentos.

7. Compartilhamento de Informações: Quando apropriado e relevante, compartilhe informações sobre a demanda, previsões de vendas e outros aspectos relevantes com os fornecedores.

Isso pode ajudá-los a planejar melhor a produção e a atender às necessidades da empresa.

8. Cultura de Melhoria Contínua: Promova uma cultura de melhoria contínua na gestão de fornecedores, incentivando a busca por eficiência, qualidade e inovação. Reconheça e recompense fornecedores que se destacam em sua contribuição para essa cultura.

9. Respeito Mútuo: Mantenha uma relação de respeito mútuo com os fornecedores, tratando-os como parceiros estratégicos e valorizando suas contribuições para o sucesso da empresa.

10. Monitoramento e Avaliação: Monitore continuamente o desempenho dos fornecedores e avalie sua conformidade com os requisitos da empresa. Use essas informações para aprimorar a gestão de fornecedores e tomar decisões embasadas.

Uma abordagem de gestão de fornecedores baseada em feedback e comunicação eficazes fortalece as parcerias comerciais, cria relacionamentos de longo prazo e contribui para a melhoria contínua da cadeia de suprimentos. Além disso, ao fornecer e receber feedback de forma construtiva, a empresa e os fornecedores podem trabalhar juntos para alcançar melhores resultados e obter benefícios mútuos.

Busca por Melhorias:

A busca por melhorias na gestão de fornecedores é uma prática essencial para garantir a eficiência, qualidade e competitividade da cadeia de suprimentos. Essa abordagem envolve a identificação de oportunidades de aprimoramento, o estabelecimento de metas e a implementação de ações que tragam benefícios tanto para a empresa quanto para os fornecedores. Abaixo estão algumas estratégias importantes para a busca por melhorias na gestão de fornecedores:

1. Avaliação Contínua: Realize avaliações contínuas do desempenho dos fornecedores, levando em consideração indicadores-chave de desempenho (KPIs) relevantes para a empresa. Essas avaliações fornecerão insights sobre os pontos fortes e fracos dos fornecedores, bem como possíveis áreas de melhoria.

2. Feedback Construtivo: Fornecer feedback construtivo aos fornecedores é fundamental para ajudá-los a entender suas áreas de melhoria e tomar medidas corretivas. Da mesma forma, a empresa também deve estar aberta a receber feedback dos fornecedores para melhorar sua própria operação.

3. Estabelecimento de Metas: Defina metas claras e mensuráveis para o desempenho dos fornecedores, alinhadas aos objetivos da empresa. Estabeleça expectativas realistas, mas ambiciosas, que incentivem os fornecedores a se esforçarem para alcançar a excelência.

4. Compartilhamento de Melhores Práticas: Promova o compartilhamento de melhores práticas entre os fornecedores, incentivando a colaboração e a aprendizagem mútua. O fornecedor que demonstra boas práticas pode servir como um exemplo para outros.

5. Desenvolvimento de Parcerias: Procure estabelecer parcerias estratégicas com os fornecedores, onde ambas as partes trabalham em conjunto para identificar oportunidades de melhoria e implementar soluções inovadoras.

6. Incentivos e Recompensas: Reconheça e recompense

fornecedores que alcançam melhorias significativas em seu desempenho. Incentivos financeiros ou outras formas de reconhecimento podem estimular a busca por melhorias.

7. Benchmarking: Compare o desempenho dos fornecedores com empresas do mesmo setor ou com melhores práticas de mercado. Isso ajudará a identificar lacunas e áreas onde os fornecedores podem se inspirar para melhorar.

8. Investimento em Tecnologia: Utilize tecnologias que facilitem a comunicação e a colaboração com os fornecedores, bem como permitam o monitoramento e a avaliação do desempenho de forma mais eficiente.

9. Resolução de Problemas: Se surgirem problemas na relação com os fornecedores, aborde-os de forma proativa e colaborativa, buscando soluções conjuntas.

10. Aprendizado Contínuo: Promova uma cultura de aprendizado contínuo na gestão de fornecedores, incentivando a busca por melhorias constantes e a adaptação às mudanças do mercado.

A busca por melhorias na gestão de fornecedores é uma jornada contínua, onde a empresa e seus fornecedores podem trabalhar juntos para aprimorar processos, reduzir custos, aumentar a eficiência e garantir a satisfação dos clientes. A adoção dessas práticas contribuirá para o fortalecimento da cadeia de suprimentos e para a conquista de vantagens competitivas no mercado.

- Avaliação de desemprenho:

Estabelecimento de Objetivos e Expectativas:

O estabelecimento de objetivos e expectativas claras é um passo fundamental na avaliação de desempenho de colaboradores ou equipes. Quando os funcionários têm metas bem definidas e entendem as expectativas da empresa em relação ao seu trabalho, eles têm uma orientação clara sobre o que é esperado deles e podem direcionar seus esforços para alcançar esses objetivos. Abaixo estão algumas diretrizes importantes para o estabelecimento de objetivos e expectativas na avaliação de desempenho:

1. Objetivos SMART: Certifique-se de que os objetivos estabelecidos sejam específicos, mensuráveis, alcançáveis, relevantes e com prazo determinado (SMART). Isso significa que os objetivos devem ser claros, quantificáveis, realistas, relevantes para o trabalho e com prazos bem definidos.

2. Alinhamento com a Estratégia: Garanta que os objetivos individuais ou de equipe estejam alinhados com a estratégia geral da empresa. Isso ajudará a assegurar que os esforços dos funcionários estejam contribuindo diretamente para os objetivos organizacionais.

3. Envolvimento dos Funcionários: Inclua os funcionários no processo de estabelecimento de objetivos, permitindo que eles contribuam com suas ideias e sugestões. Isso pode aumentar o senso de propriedade e comprometimento com os objetivos estabelecidos.

4. Definição de Indicadores de Desempenho: Estabeleça indicadores de desempenho que serão utilizados para medir o progresso em relação aos objetivos. Esses indicadores devem ser

relevantes, mensuráveis e representar o sucesso em relação ao objetivo.

5. Feedback Contínuo: Forneça feedback contínuo aos funcionários ao longo do período de avaliação. Isso inclui elogiar o bom desempenho, identificar oportunidades de melhoria e fornecer suporte quando necessário.

6. Revisão e Ajustes: Realize revisões periódicas dos objetivos e expectativas, fazendo ajustes quando necessário. Isso pode ser feito durante reuniões de avaliação de desempenho ou em momentos apropriados ao longo do ano.

7. Reconhecimento e Recompensas: Reconheça e recompense o bom desempenho alcançado pelos funcionários em relação aos objetivos estabelecidos. Isso pode ser feito por meio de reconhecimento público, elogios, promoções ou incentivos financeiros, dependendo das políticas da empresa.

8. Desenvolvimento Profissional: Além de estabelecer metas de desempenho, incentive o desenvolvimento profissional dos funcionários, oferecendo oportunidades de treinamento e capacitação para que eles possam aprimorar suas habilidades e competências.

9. Transparência e Comunicação: Mantenha uma comunicação transparente e aberta com os funcionários em relação à avaliação de desempenho, garantindo que eles entendam o processo e as expectativas da empresa.

10. Acompanhamento e Aprendizado: Monitore o progresso dos funcionários em relação aos objetivos e aprenda com os resultados alcançados. Isso ajudará a aprimorar o processo de estabelecimento de objetivos e aperfeiçoar a avaliação de

desempenho no futuro.

O estabelecimento de objetivos e expectativas claras é essencial para uma avaliação de desempenho eficaz. Isso não apenas motiva os funcionários a alcançar seus melhores resultados, mas também contribui para o sucesso geral da empresa, direcionando os esforços de todos para o cumprimento da estratégia organizacional.

Escolha dos Critérios de Avaliação:

A escolha dos critérios de avaliação de desempenho é um processo importante que visa identificar as áreas-chave de atuação dos colaboradores ou equipes e definir os padrões pelos quais seu desempenho será avaliado. A seleção cuidadosa dos critérios apropriados é fundamental para garantir uma avaliação justa, objetiva e alinhada com os objetivos organizacionais. Abaixo estão algumas diretrizes para ajudar na escolha dos critérios de avaliação de desempenho:

1. Relevância: Os critérios escolhidos devem ser diretamente relevantes para as responsabilidades e metas dos colaboradores ou equipes. Eles devem refletir as principais atividades e resultados esperados em seus cargos ou áreas de atuação.

2. Mensurabilidade: Certifique-se de que os critérios possam ser mensurados de forma objetiva e quantitativa. Isso permitirá uma avaliação mais precisa e imparcial do desempenho.

3. Alinhamento Estratégico: Os critérios de avaliação devem estar alinhados com a estratégia geral da empresa. Eles devem refletir as metas e objetivos organizacionais para garantir que o desempenho individual ou da equipe contribua diretamente para o sucesso da organização.

4. Objetividade: Opte por critérios que sejam objetivos e isentos de interpretações subjetivas. Evite critérios vagos ou ambíguos que possam levar a avaliações tendenciosas.

5. Especificidade: Defina os critérios de forma clara e específica para que os colaboradores compreendam claramente o que será avaliado e como serão medidos.

6. Abrangência: Certifique-se de que os critérios cubram todas as áreas essenciais do desempenho dos colaboradores ou equipes. Isso inclui critérios relacionados ao cumprimento de metas, qualidade do trabalho, habilidades técnicas, colaboração e comportamento ético, entre outros.

7. Revisão Periódica: Realize revisões periódicas dos critérios de avaliação para garantir que eles permaneçam relevantes e atualizados com as mudanças nas necessidades da empresa.

8. Participação dos Colaboradores: Inclua os colaboradores no processo de escolha dos critérios de avaliação, permitindo que eles expressem suas opiniões e sugestões. Isso aumentará o senso de pertencimento e engajamento na avaliação de desempenho.

9. Consistência: Garanta que os critérios de avaliação sejam aplicados de forma consistente a todos os colaboradores ou equipes, evitando qualquer viés ou tratamento diferenciado.

10. Flexibilidade: Embora seja importante ter critérios padronizados, também é essencial ter flexibilidade para levar em consideração as peculiaridades de cada função ou equipe. Em alguns casos, podem ser necessários critérios específicos que reflitam as particularidades do trabalho.

A escolha dos critérios de avaliação de desempenho é uma etapa-chave para garantir que o processo de avaliação seja justo, objetivo e alinhado com os objetivos estratégicos da empresa. Ao selecionar os critérios adequados, a empresa poderá obter uma visão mais clara e abrangente do desempenho de seus colaboradores, identificar pontos fortes e áreas de melhoria, e tomar decisões mais embasadas em relação ao desenvolvimento e recompensa de sua equipe.

Definição de Frequência:

A definição da frequência da avaliação de desempenho é uma etapa importante no processo de gestão de pessoas, pois determina com que regularidade as avaliações serão realizadas. A frequência escolhida pode variar de acordo com a cultura e necessidades da empresa, bem como a natureza das atividades desenvolvidas pelos colaboradores. Abaixo estão algumas opções comuns para a definição da frequência das avaliações de desempenho:

1. Anual: A avaliação de desempenho anual é uma prática comum em muitas organizações. Ela ocorre uma vez por ano, geralmente em um período específico, e permite avaliar o desempenho do colaborador ao longo de um ano completo.

2. Semestral: Algumas empresas optam por realizar avaliações de desempenho a cada seis meses. Essa frequência permite uma análise mais frequente do desempenho do colaborador e permite ajustes de rota durante o ano.

3. Trimestral: Avaliações de desempenho trimestrais são utilizadas em empresas que valorizam uma abordagem mais contínua de gestão de desempenho. Essa frequência permite

feedback mais frequente e identificação mais rápida de problemas ou oportunidades de desenvolvimento.

4. Mensal ou Bimestral: Em alguns contextos, especialmente em equipes com metas de curto prazo ou cargos com alta demanda de resultados, avaliações mensais ou bimestrais podem ser mais adequadas.

5. Contínua: Algumas empresas adotam uma abordagem de avaliação de desempenho contínua, em que o feedback é fornecido de forma constante e informal ao longo do ano. Nesse caso, não há uma avaliação formal em um período específico, mas sim uma prática de feedback frequente.

A escolha da frequência adequada depende das características da empresa, da cultura organizacional e dos recursos disponíveis. Independentemente da frequência escolhida, é importante que as avaliações de desempenho sejam realizadas de forma consistente e justa, com critérios objetivos e alinhados aos objetivos da organização. O feedback fornecido durante as avaliações deve ser construtivo e orientado para o desenvolvimento dos colaboradores, com ênfase na melhoria do desempenho e no alcance de metas organizacionais. Além disso, é fundamental que as avaliações sejam acompanhadas de planos de ação para correção de falhas ou aprimoramento de habilidades, bem como para reconhecimento e recompensa do bom desempenho.

Coleta de Dados:

A coleta de dados é uma etapa crucial no processo de avaliação de desempenho, pois é a partir desses dados que os gestores e líderes podem avaliar o desempenho dos colaboradores e tomar decisões embasadas. A coleta de dados deve ser cuidadosamente planejada para garantir que as informações obtidas sejam relevantes, precisas e justas. Abaixo estão algumas orientações para a coleta de dados na avaliação de desempenho:

1. Definição de Critérios de Avaliação: Antes de iniciar a coleta de dados, é essencial definir os critérios pelos quais o desempenho será avaliado. Esses critérios devem ser objetivos, mensuráveis e alinhados aos objetivos da empresa.

2. Fontes de Dados: Identifique as fontes de dados que serão utilizadas na avaliação, como avaliação de metas e objetivos, feedback de clientes internos e externos, registros de desempenho, observações de líderes e colegas de trabalho, entre outros.

3. Feedback 360 graus: Considere a utilização de feedback 360 graus, que envolve a coleta de feedback de diferentes perspectivas, como superiores, subordinados, pares e clientes. Isso proporciona uma visão mais completa do desempenho do colaborador.

4. Registro de Dados: Utilize sistemas ou planilhas para registrar os dados coletados de forma organizada. Isso facilitará a análise e comparação dos resultados.

5. Feedback Contínuo: Além da coleta de dados formal, promova um ambiente de feedback contínuo, onde os líderes e colaboradores possam fornecer feedback regularmente. Isso permite que os ajustes sejam feitos ao longo do tempo, em vez de apenas em momentos formais de avaliação.

6. Garantia de Confidencialidade: Assegure-se de que os dados coletados sejam tratados de forma confidencial, respeitando a privacidade dos colaboradores e evitando que informações

sensíveis sejam divulgadas indevidamente.

7. Análise dos Dados: Após a coleta dos dados, é importante realizar uma análise cuidadosa para identificar padrões, tendências e pontos de melhoria no desempenho dos colaboradores.

8. Feedback Construtivo: Com base nos dados coletados e na análise realizada, forneça feedback construtivo aos colaboradores, destacando pontos fortes e oportunidades de desenvolvimento.

9. Planos de Ação: Utilize os dados coletados para definir planos de ação para o desenvolvimento dos colaboradores, com metas claras e orientações sobre como melhorar o desempenho.

10. Acompanhamento: A coleta de dados na avaliação de desempenho não deve ser apenas um evento isolado, mas sim um processo contínuo. Realize acompanhamentos periódicos para verificar o progresso e fazer ajustes conforme necessário.

A coleta de dados eficaz é fundamental para a avaliação de desempenho, pois proporciona informações valiosas para melhorar o desempenho dos colaboradores e impulsionar o sucesso da organização como um todo.

Entrevista de Avaliação:

A entrevista de avaliação é uma das etapas mais importantes no processo de avaliação de desempenho, pois é o momento em que o gestor ou líder se reúne com o colaborador para discutir o seu desempenho, fornecer feedback, reconhecimento e estabelecer planos de desenvolvimento. Abaixo estão algumas orientações para conduzir uma entrevista de avaliação de desempenho eficaz:

1. Preparação: Antes da entrevista, o gestor deve se preparar revisando os dados coletados ao longo do período de avaliação, como avaliações de metas, registros de desempenho e feedback recebido de outras fontes. É importante ter uma visão clara do desempenho do colaborador e das áreas de destaque e de melhoria.

2. Escolha de um Ambiente Adequado: Realize a entrevista em um ambiente tranquilo e privado, onde o colaborador se sinta à vontade para expressar seus pontos de vista e preocupações.

3. Abordagem Positiva: Inicie a entrevista de forma positiva e acolhedora. Reconheça os pontos fortes e conquistas do colaborador antes de abordar as áreas que precisam ser melhoradas.

4. Feedback Construtivo: Forneça feedback claro e específico sobre o desempenho do colaborador, destacando tanto os pontos positivos quanto os pontos que precisam ser aprimorados. Utilize exemplos concretos para ilustrar suas observações.

5. Escuta Ativa: Escute atentamente as opiniões e percepções do colaborador sobre seu próprio desempenho e as áreas em que ele acredita que pode melhorar. Encoraje-o a compartilhar suas ideias e sugestões.

6. Estabelecimento de Metas: Juntamente com o colaborador, estabeleça metas claras e realistas para o próximo período. Certifique-se de que as metas estejam alinhadas com os objetivos da empresa e sejam desafiadoras, mas alcançáveis.

7. Reconhecimento e Reconhecimento: Reconheça e valorize as

conquistas do colaborador durante o período de avaliação. O reconhecimento é uma forma poderosa de motivar e engajar os colaboradores.

8. Desenvolvimento e Plano de Ação: Identifique oportunidades de desenvolvimento para o colaborador e estabeleça um plano de ação para ajudá-lo a aprimorar suas habilidades e competências.

9. Registro da Entrevista: Faça um registro das principais discussões e decisões tomadas durante a entrevista, incluindo as metas estabelecidas e o plano de ação acordado. Isso será útil para futuras avaliações e acompanhamentos.

10. Acompanhamento: Realize acompanhamentos periódicos com o colaborador para verificar o progresso em relação às metas e ao plano de desenvolvimento estabelecido. Ofereça suporte e orientação ao longo do processo.

A entrevista de avaliação de desempenho é uma oportunidade valiosa para fortalecer o relacionamento entre o gestor e o colaborador, além de contribuir para o desenvolvimento contínuo e aprimoramento do desempenho individual e da equipe como um todo. É fundamental que a entrevista seja conduzida com empatia, respeito e foco na colaboração mútua para alcançar os objetivos organizacionais e individuais.

Foco no Desenvolvimento:

Focar no desenvolvimento é uma abordagem essencial na avaliação de desempenho, pois vai além da simples avaliação dos resultados passados e busca promover o crescimento e aprimoramento contínuo dos colaboradores. Ao priorizar o desenvolvimento, a avaliação de desempenho se torna uma ferramenta poderosa para impulsionar o potencial dos indivíduos e da equipe, contribuindo para o alcance dos objetivos organizacionais. Abaixo estão alguns aspectos importantes relacionados ao foco no desenvolvimento na avaliação de desempenho:

1. Identificação de Pontos Fortes: Na avaliação de desempenho, é fundamental identificar e reconhecer os pontos fortes dos colaboradores. Ao valorizar e utilizar esses pontos fortes, é possível direcionar o desenvolvimento de forma a maximizar o potencial de cada indivíduo.

2. Identificação de Oportunidades de Desenvolvimento: Além de reconhecer os pontos fortes, a avaliação de desempenho deve identificar áreas em que o colaborador pode melhorar. Essas oportunidades de desenvolvimento podem estar relacionadas a habilidades técnicas, competências comportamentais ou conhecimentos específicos.

3. Estabelecimento de Metas de Desenvolvimento: Com base na identificação de pontos fortes e oportunidades de desenvolvimento, é importante estabelecer metas claras e específicas para o crescimento do colaborador. Essas metas devem ser alinhadas com os objetivos da empresa e do próprio colaborador.

4. Oferecimento de Treinamento e Capacitação: Uma vez identificadas as áreas de desenvolvimento, é fundamental oferecer treinamento e capacitação adequados para ajudar os colaboradores a adquirirem novas habilidades e competências.

5. Feedback Construtivo: A avaliação de desempenho deve incluir feedback construtivo e orientações claras para o desenvolvimento dos colaboradores. O feedback deve ser direcionado para o crescimento e aprimoramento, e não apenas

para apontar falhas.

6. Incentivo à Autonomia: Incentive a autonomia dos colaboradores em seu próprio desenvolvimento. Encoraje-os a buscar oportunidades de aprendizado e a se envolverem ativamente em seu crescimento profissional.

7. Acompanhamento Contínuo: O desenvolvimento dos colaboradores não deve se restringir a um evento anual de avaliação. É fundamental que os gestores ofereçam acompanhamento contínuo e suporte para garantir que as metas de desenvolvimento sejam alcançadas.

8. Reconhecimento do Progresso: Reconheça e celebre o progresso e os avanços alcançados pelos colaboradores em seu desenvolvimento. O reconhecimento é uma forma poderosa de motivar e engajar os colaboradores a continuarem se desenvolvendo.

9. Cultura de Aprendizado: Crie uma cultura organizacional que valorize o aprendizado contínuo e o desenvolvimento pessoal e profissional dos colaboradores. Incentive o compartilhamento de conhecimentos e experiências entre os membros da equipe.

10. Avaliação como uma Oportunidade de Crescimento: Enxergue a avaliação de desempenho como uma oportunidade de crescimento tanto para os colaboradores quanto para a organização como um todo. Utilize os insights obtidos para melhorar a eficiência dos processos e promover a excelência em todos os níveis da empresa.

Ao adotar uma abordagem de foco no desenvolvimento na avaliação de desempenho, as organizações criam um ambiente propício para o crescimento e a evolução contínua, o que contribui para o desenvolvimento dos colaboradores e o sucesso sustentável da empresa.

Registro e Acompanhamento:

O registro e acompanhamento são etapas fundamentais na avaliação de desempenho, pois permitem que as informações coletadas e as decisões tomadas durante o processo sejam registradas de forma organizada e que o progresso dos colaboradores seja acompanhado ao longo do tempo. Essas etapas garantem a continuidade do desenvolvimento individual e da equipe, além de fornecerem dados valiosos para futuras avaliações e tomadas de decisão. Abaixo estão alguns aspectos importantes relacionados ao registro e acompanhamento na avaliação de desempenho:

1. Documentação dos Resultados: É essencial documentar os resultados da avaliação de desempenho, incluindo os feedbacks fornecidos, as metas estabelecidas e o plano de desenvolvimento acordado com cada colaborador. Essa documentação pode ser feita por meio de formulários específicos, sistemas de gestão de desempenho ou planilhas.

2. Registro de Feedback: Mantenha um registro do feedback fornecido a cada colaborador durante a avaliação. Isso permite que os gestores revisem o feedback anterior ao preparar-se para a próxima avaliação e evitem repetições de questões já abordadas.

3. Estabelecimento de Metas: As metas estabelecidas durante a avaliação de desempenho devem ser registradas de forma clara e precisa. Certifique-se de que cada colaborador tenha acesso à documentação de suas metas e compreenda o que é esperado dele.

4. Plano de Desenvolvimento: Registre o plano de desenvolvimento acordado com cada colaborador, detalhando as ações e atividades que serão realizadas para alcançar as metas estabelecidas. O plano de desenvolvimento deve ser revisado regularmente para verificar o progresso e fazer ajustes, se necessário.

5. Registro de Acompanhamento: Durante o acompanhamento, registre as interações com os colaboradores, incluindo as discussões sobre o progresso em relação às metas, o feedback recebido e quaisquer ajustes feitos no plano de desenvolvimento.

6. Relatórios de Desempenho: Utilize relatórios de desempenho para consolidar os resultados das avaliações e acompanhar o progresso da equipe como um todo. Esses relatórios podem fornecer uma visão geral do desempenho da equipe e ajudar a identificar padrões ou tendências.

7. Reuniões de Acompanhamento: Realize reuniões de acompanhamento com os colaboradores para discutir seu progresso, fornecer feedback adicional e ajustar o plano de desenvolvimento conforme necessário.

8. Acompanhamento Contínuo: O registro e acompanhamento devem ser contínuos, não se limitando apenas a momentos específicos de avaliação. Mantenha um diálogo aberto e frequente com os colaboradores para acompanhar seu desenvolvimento ao longo do tempo.

9. Privacidade e Confidencialidade: Certifique-se de que os registros da avaliação de desempenho sejam mantidos em sigilo e acessados apenas por pessoas autorizadas. Respeite a privacidade dos colaboradores e evite divulgar informações

confidenciais sem sua permissão.

10. Utilização dos Dados: Utilize os dados registrados para tomar decisões informadas sobre desenvolvimento, promoções, reconhecimento e outras iniciativas relacionadas ao desempenho dos colaboradores.

O registro e acompanhamento eficazes garantem que a avaliação de desempenho seja uma ferramenta útil para o crescimento individual e organizacional, permitindo que os gestores acompanhem o progresso dos colaboradores, identifiquem áreas de melhoria e tomem ações para impulsionar o sucesso da equipe e da empresa como um todo.

Feedback Contínuo:

O feedback contínuo é uma abordagem essencial na avaliação de desempenho que visa fornecer feedback de forma regular e oportuna aos colaboradores, promovendo o desenvolvimento constante e a melhoria contínua. Ao invés de se restringir a um único evento anual de avaliação, o feedback contínuo permite que os gestores e colaboradores tenham conversas mais frequentes e construtivas sobre o desempenho, alinhamento de metas e desenvolvimento de habilidades. Abaixo estão alguns aspectos importantes relacionados ao feedback contínuo na avaliação de desempenho:

1. Feedback Oportuno: O feedback contínuo acontece de forma regular e oportuna, não esperando até o final do ano ou de um período específico. Os gestores devem fornecer feedback imediatamente após um evento ou conquista relevante, ou sempre que surgir uma oportunidade de melhoria.

2. Conversas Regulares: Os gestores devem estabelecer

um ambiente propício para conversas regulares com os colaboradores sobre seu desempenho. Essas conversas podem ocorrer em reuniões individuais, encontros de equipe ou durante tarefas e projetos do dia a dia.

3. Foco no Crescimento: O feedback contínuo deve ser direcionado ao crescimento e desenvolvimento do colaborador. Em vez de apenas apontar falhas, os gestores devem enfatizar os pontos fortes e fornecer orientações para melhorias específicas.

4. Escuta Ativa: O feedback contínuo é uma via de mão dupla. Os gestores devem praticar a escuta ativa, permitindo que os colaboradores expressem suas opiniões, desafios e necessidades de desenvolvimento.

5. Reconhecimento: Além do feedback construtivo, é importante também fornecer reconhecimento e elogios pelos esforços e conquistas dos colaboradores. O reconhecimento reforça comportamentos positivos e contribui para a motivação da equipe.

6. Alinhamento de Expectativas: O feedback contínuo é uma oportunidade para garantir que as expectativas entre o gestor e o colaborador estejam alinhadas. Certifique-se de que os objetivos e metas estejam claros e que o colaborador compreenda o que é esperado dele.

7. Acompanhamento de Metas: Durante as conversas de feedback contínuo, os gestores devem verificar o progresso das metas estabelecidas e fazer ajustes, se necessário. Isso garante que o colaborador esteja no caminho certo para alcançar seus objetivos.

8. Aprendizado e Melhoria: O feedback contínuo deve ser uma

oportunidade para aprendizado e melhoria mútua. Os gestores também podem receber feedback dos colaboradores sobre sua própria liderança e formas de melhorar o ambiente de trabalho.

9. Registro de Feedback: É importante registrar as conversas de feedback contínuo para futuras referências e para garantir que os pontos discutidos sejam lembrados e acompanhados ao longo do tempo.

10. Cultura de Feedback: Crie uma cultura organizacional que valorize o feedback contínuo e encoraje todos os membros da equipe a fornecerem e receberem feedback de forma construtiva.

O feedback contínuo na avaliação de desempenho é uma prática valiosa que fortalece a relação entre gestores e colaboradores, promove o desenvolvimento individual e impulsiona o desempenho da equipe como um todo. Ao tornar o feedback uma parte integrante da cultura organizacional, a empresa está investindo em um ambiente de trabalho mais produtivo, colaborativo e com foco no crescimento de seus talentos.

Confidencialidade e Imparcialidade:

Confidencialidade e imparcialidade são princípios fundamentais na avaliação de desempenho que garantem a integridade e a justiça do processo. Esses aspectos são essenciais para que os colaboradores sintam-se confortáveis e seguros durante a avaliação, promovendo um ambiente de confiança e transparência. Abaixo estão os detalhes sobre confidencialidade e imparcialidade na avaliação de desempenho:

Confidencialidade:

1. Privacidade dos Dados: As informações e dados coletados durante o processo de avaliação de desempenho devem ser

tratados com total confidencialidade. Isso significa que apenas as pessoas diretamente envolvidas no processo devem ter acesso aos dados, como gestores, recursos humanos ou outros profissionais designados para a tarefa.

2. Proteção das Informações: É importante garantir que os dados e registros da avaliação sejam armazenados de forma segura, protegidos contra acesso não autorizado ou divulgação indevida. Os sistemas de gerenciamento de desempenho devem ser seguros e acessados apenas por pessoas autorizadas.

3. Sigilo nas Conversas: As discussões individuais entre gestor e colaborador durante a avaliação devem ser tratadas com total sigilo. Os gestores devem respeitar a privacidade dos colaboradores e não compartilhar informações pessoais ou detalhes confidenciais com terceiros.

4. Limitações de Acesso: Se for necessário compartilhar informações de desempenho com outras partes interessadas, como para fins de desenvolvimento ou remuneração, deve-se garantir que apenas as informações relevantes e necessárias sejam divulgadas, mantendo o sigilo sobre outros aspectos da avaliação.

Imparcialidade:

1. Avaliação Baseada em Critérios Objetivos: A avaliação de desempenho deve ser baseada em critérios objetivos e previamente definidos, como metas estabelecidas, competências técnicas e comportamentais, resultados alcançados e contribuições para a equipe e a organização.

2. Evitar Preconceitos: Os gestores devem evitar quaisquer preconceitos ou favoritismos ao avaliar o desempenho dos colaboradores. A avaliação deve ser baseada em fatos e

resultados reais, não em percepções subjetivas.

3. Treinamento dos Avaliadores: Os gestores responsáveis pela avaliação de desempenho devem receber treinamento adequado para conduzir o processo de forma imparcial e justa, garantindo que todos os colaboradores sejam avaliados de maneira igualitária.

4. Revisão por Pares: Em alguns casos, pode ser útil revisar as avaliações de desempenho por pares ou ter uma segunda opinião para garantir a imparcialidade do processo.

5. Feedback Construtivo: Os gestores devem fornecer feedback construtivo e específico aos colaboradores, apontando áreas de melhoria e oportunidades de desenvolvimento, sempre com o intuito de ajudar no crescimento profissional.

Ao manter a confidencialidade e imparcialidade na avaliação de desempenho, a organização demonstra seu compromisso com um processo justo e respeitoso, o que contribui para o engajamento e a satisfação dos colaboradores, bem como para o desenvolvimento contínuo de suas habilidades e competências.

Reconhecimento e Incentivos:

Reconhecimento e incentivos são elementos essenciais na avaliação de desempenho, pois têm o poder de motivar os colaboradores, fortalecer a cultura de reconhecimento na empresa e impulsionar o alcance de resultados positivos. O reconhecimento adequado e os incentivos apropriados reforçam comportamentos desejados, aumentam a satisfação no trabalho e contribuem para a retenção de talentos. Abaixo estão algumas práticas relacionadas ao reconhecimento e incentivos na avaliação de desempenho:

Reconhecimento:

1. Elogios e Agradecimentos: O reconhecimento pode começar com elogios e agradecimentos simples. Gestores podem expressar sua gratidão por meio de palavras escritas, conversas pessoais ou em reuniões de equipe.

2. Reconhecimento Público: Destacar o desempenho exemplar de um colaborador em um fórum público, como em reuniões de equipe ou comunicados internos, ajuda a reforçar o reconhecimento perante os colegas.

3. Prêmios e Certificados: Oferecer prêmios ou certificados de reconhecimento aos colaboradores que alcançam metas específicas ou demonstram excelência em suas atividades.

4. Programas de Reconhecimento: Estabelecer programas formais de reconhecimento, nos quais os colaboradores podem ser indicados por seus pares ou gestores para receberem reconhecimentos especiais ou prêmios.

5. Oportunidades de Crescimento: Oferecer oportunidades de desenvolvimento e crescimento para colaboradores que se destacam, como participação em projetos desafiadores ou treinamentos especializados.

Incentivos:

1. Remuneração Variável: Programas de remuneração variável, como bônus ou comissões, podem ser utilizados para incentivar o desempenho excepcional e o alcance de metas específicas.

2. Planos de Carreira: Oferecer planos de carreira claros e oportunidades de progressão para os colaboradores que atingem

metas de desempenho e demonstram comprometimento com o crescimento profissional.

3. Benefícios e Privilégios: Alguns benefícios e privilégios podem ser concedidos com base no desempenho, como acesso a programas de bem-estar, flexibilidade de horários ou outras vantagens.

4. Reconhecimento Financeiro: Além de bônus e comissões, o reconhecimento financeiro pode incluir aumentos salariais ou promoções para colaboradores de destaque.

5. Participação em Projetos Especiais: Colaboradores de alto desempenho podem ser convidados a participar de projetos estratégicos ou desafiadores, o que pode ser visto como um incentivo adicional.

É importante destacar que os programas de reconhecimento e incentivos devem ser justos, transparentes e baseados em critérios objetivos e mensuráveis. Além disso, é fundamental que essas práticas estejam alinhadas aos valores e cultura da empresa, buscando valorizar a contribuição individual e coletiva dos colaboradores para o sucesso da organização. Quando bem implementados, o reconhecimento e os incentivos têm um impacto significativo na motivação e engajamento da equipe, promovendo um ambiente de trabalho positivo e produtivo.

- Categorização:

Gestão de Estoque:

A categorização ou classificação dos itens em estoque é uma prática essencial na gestão de estoque, que visa organizar os produtos de acordo com sua importância, demanda, valor ou características. Essa classificação auxilia na tomada de decisões estratégicas relacionadas ao controle de estoque, como determinar os níveis de estoque, estabelecer políticas de reposição e otimizar os processos logísticos. Existem diversas metodologias para realizar a categorização dos itens em estoque, sendo as mais comuns a análise ABC, a análise XYZ e a análise VED. A seguir, detalharei cada uma dessas abordagens:

1. Análise ABC:

A análise ABC classifica os itens em estoque com base no valor de consumo ou movimentação financeira. A ideia é que nem todos os itens têm o mesmo impacto no valor total do estoque ou no custo de reposição. A classificação é feita em três grupos:

- Itens Classe A: Representam uma pequena parcela dos itens, mas são responsáveis por uma grande parte do valor total do estoque ou do custo de reposição. Esses itens geralmente são mais caros e/ou têm alta demanda.

- Itens Classe B: Compõem um número intermediário de itens e representam uma parcela significativa do valor total do estoque ou do custo de reposição.

- Itens Classe C: Formam a maioria dos itens, mas contribuem com uma pequena parte do valor total do estoque ou do custo de reposição. Esses itens são mais baratos e/ou têm demanda mais baixa.

A análise ABC permite que a gestão foque seus esforços nos itens mais críticos (Classe A), buscando um controle mais rigoroso e estratégias de reposição mais eficientes, enquanto os itens Classe C podem ser gerenciados com menos rigor.

2. Análise XYZ:

A análise XYZ classifica os itens com base na demanda e no

consumo, visando identificar os itens com maior volatilidade de movimentação. A classificação é feita em três grupos:

- Itens Classe X: Itens com demanda muito instável e imprevisível. Apesar de comporem uma pequena parcela dos itens, sua gestão exige maior atenção e análise de tendências.

- Itens Classe Y: Itens com demanda moderadamente estável e previsível, ocupando um número intermediário de itens.

- Itens Classe Z: Itens com demanda estável e previsível, sendo a maioria dos itens do estoque.

A análise XYZ permite direcionar estratégias de gestão, controle de estoque e previsão de demanda de acordo com a volatilidade dos itens.

3. Análise VED:

A análise VED classifica os itens em estoque de acordo com sua criticidade e importância para a operação da empresa. A classificação é feita em três grupos:

- Itens Classe V: Itens vitais para o funcionamento da empresa, cuja falta pode causar paralisações ou impactos significativos na produção ou operação.

- Itens Classe E: Itens essenciais, mas cuja falta não acarreta paralisações completas, podendo ser substituídos por outras opções temporariamente.

- Itens Classe D: Itens de demanda regular, cuja falta não causa grandes impactos operacionais.

A análise VED permite que a gestão concentre seus esforços nos itens vitais (Classe V), garantindo a disponibilidade e o controle desses itens de forma mais intensa.

É importante ressaltar que a categorização dos itens em estoque pode ser feita em conjunto com outras análises e ferramentas de controle de estoque, como a análise FSN (Fast, Slow, Non-moving), que classifica os itens com base na velocidade de movimentação, ou a análise de sazonalidade, que leva em conta os padrões sazonais de demanda. A escolha da metodologia depende das características e das necessidades específicas de cada empresa. Ao realizar uma categorização eficiente, a gestão de estoque pode direcionar seus esforços de forma mais estratégica, garantindo a disponibilidade dos itens mais importantes e evitando excessos ou falta de mercadorias em estoque.

Marketing:

No contexto do marketing, a categorização de estoque refere-se à classificação dos produtos ou mercadorias em diferentes grupos com base em critérios específicos relacionados ao seu desempenho no mercado. Essa prática é relevante para a gestão de estoque, pois permite direcionar estratégias de marketing de forma mais eficiente, ajustar o mix de produtos oferecidos e otimizar a alocação de recursos. Abaixo estão algumas das principais categorizações de estoque no marketing:

1. Categorização por Desempenho de Vendas:

Nesta abordagem, os produtos são categorizados com base em seu desempenho de vendas. Por exemplo, os produtos podem ser divididos em:

- Itens de Alta Demanda: Produtos que têm uma taxa de giro rápida e contribuem significativamente para as vendas totais da empresa.

- Itens de Média Demanda: Produtos que têm uma taxa de giro

moderada e contribuem de forma equilibrada para as vendas.

- Itens de Baixa Demanda: Produtos que têm uma taxa de giro lenta e representam uma pequena parcela das vendas totais.

Essa categorização ajuda a empresa a identificar quais produtos são os mais populares e quais podem precisar de mais esforços de marketing para aumentar suas vendas.

2. Categorização por Rentabilidade:

Nesta abordagem, os produtos são categorizados com base em sua rentabilidade para a empresa. Por exemplo:

- Itens de Alta Rentabilidade: Produtos que geram margens de lucro mais altas para a empresa.

- Itens de Média Rentabilidade: Produtos que geram margens de lucro moderadas.

- Itens de Baixa Rentabilidade: Produtos que geram margens de lucro mais baixas.

Essa categorização permite que a empresa foque seus esforços de marketing nos produtos mais lucrativos e avalie a viabilidade de promover ou descontinuar produtos de baixa rentabilidade.

3. Categorização por Ciclo de Vida do Produto:

Nesta abordagem, os produtos são categorizados com base em seu estágio no ciclo de vida do produto. Por exemplo:

- Produtos em Lançamento: Produtos recém-lançados no mercado, que requerem esforços de marketing para conscientização e penetração.

- Produtos em Crescimento: Produtos que estão ganhando popularidade e atraindo novos clientes.

- Produtos Maduros: Produtos que atingiram seu pico de vendas e estão estáveis no mercado.

- Produtos em Declínio: Produtos cujas vendas estão diminuindo e podem ser candidatos para serem descontinuados.

Essa categorização ajuda a empresa a adaptar suas estratégias de marketing de acordo com a fase do ciclo de vida em que cada produto se encontra.

Essas são apenas algumas das possíveis categorizações de estoque no contexto do marketing. A escolha da abordagem depende das necessidades específicas da empresa e dos objetivos de marketing. Ao categorizar o estoque, a empresa pode tomar decisões mais informadas sobre a alocação de recursos, a promoção de produtos e o planejamento de campanhas de marketing. É importante revisar regularmente as categorias de estoque à medida que as condições do mercado e as tendências de consumo mudam.

Análise de Dados:

Na análise de dados para categorização de estoque, o objetivo é agrupar os produtos ou itens de estoque em diferentes categorias com base em critérios específicos. Essa análise ajuda a empresa a entender melhor a composição e a distribuição do estoque, identificar padrões de comportamento dos produtos e tomar decisões mais informadas sobre o gerenciamento do inventário. Abaixo estão algumas abordagens comuns para realizar a categorização de estoque por meio da análise de dados:

1. Análise ABC (80/20):

A análise ABC é uma técnica amplamente utilizada para categorizar o estoque com base no valor monetário dos produtos em relação às vendas. Os produtos são divididos em três grupos:

- Grupo A: Produtos de alto valor que representam uma pequena porcentagem do estoque, mas contribuem significativamente para as vendas (geralmente 80% das vendas).

- Grupo B: Produtos de valor intermediário que representam uma proporção moderada do estoque e das vendas (cerca de 15% das vendas).

- Grupo C: Produtos de baixo valor que representam a maior parte do estoque, mas contribuem com uma pequena parcela das vendas (cerca de 5% das vendas).

Essa análise ajuda a empresa a priorizar a gestão e o controle de estoque, concentrando-se nos produtos mais lucrativos e de maior impacto nas vendas.

2. Análise de Giro de Estoque:

Essa análise categoriza os produtos de acordo com a velocidade com que são vendidos (taxa de giro). Os produtos são divididos em:

- Produtos de Alta Rotatividade: Itens que têm uma taxa de giro rápida e são vendidos com frequência.

- Produtos de Média Rotatividade: Itens que têm uma taxa de giro moderada e são vendidos com regularidade.

- Produtos de Baixa Rotatividade: Itens que têm uma taxa de giro lenta e são vendidos com pouca frequência.

Essa análise auxilia na gestão do estoque, ajudando a empresa a equilibrar os níveis de estoque para garantir que os produtos de alta rotatividade estejam sempre disponíveis.

3. Análise de Demanda e Sazonalidade:

Essa análise categoriza os produtos com base em padrões de demanda e sazonalidade. Os produtos podem ser divididos em:

- Produtos de Alta Demanda Sazonal: Itens que experimentam picos de demanda em determinadas épocas do ano ou eventos específicos.

- Produtos de Demanda Constante: Itens que têm uma demanda estável ao longo do ano.

- Produtos de Demanda Flutuante: Itens cuja demanda varia ao longo do tempo, sem seguir um padrão sazonal específico.

Essa análise ajuda a empresa a planejar o estoque de forma mais eficiente, garantindo que os produtos sazonais estejam disponíveis durante os períodos de alta demanda.

Essas são apenas algumas das abordagens possíveis para realizar a análise de dados e categorização do estoque. O uso de ferramentas de análise de dados e software especializado pode facilitar esse processo, permitindo que a empresa obtenha insights valiosos para melhorar a gestão do estoque e tomar decisões mais estratégicas em relação aos produtos. É importante que a empresa revise regularmente suas categorias de estoque e ajuste suas estratégias à medida que novos dados e informações se tornam disponíveis.

Recursos Humanos:

Na área de Recursos Humanos, a expressão "categorização de estoque" não é um termo comumente utilizado. O conceito de estoque geralmente se refere a bens ou mercadorias armazenadas em uma empresa para fins de venda ou produção.

No entanto, é possível interpretar a sua pergunta em um

contexto mais amplo e relacionar a categorização com a gestão de recursos humanos, considerando o pessoal da empresa como um "estoque" de talentos disponíveis para atender às necessidades organizacionais. Nesse sentido, a categorização de estoque no contexto de Recursos Humanos pode ser entendida como a classificação dos funcionários com base em diferentes critérios relevantes para a gestão de pessoal e a tomada de decisões estratégicas.

Algumas formas possíveis de categorizar o "estoque" de recursos humanos são:

1. Categorização por Competências:

Classificação dos funcionários de acordo com suas habilidades, conhecimentos e competências. Essa categorização ajuda a identificar talentos com habilidades específicas que podem ser alocados em projetos ou tarefas compatíveis com suas competências.

2. Categorização por Níveis de Experiência ou Senioridade:

Divisão dos funcionários com base em seu nível de experiência ou senioridade dentro da organização. Isso pode ser útil para a gestão de carreiras, planejamento de sucessão e desenvolvimento profissional.

3. Categorização por Desempenho:

Classificação dos funcionários com base em seu desempenho no trabalho. Essa categorização pode auxiliar na identificação de talentos de alto potencial, bem como na identificação de oportunidades de melhoria e desenvolvimento para aqueles com desempenho abaixo das expectativas.

4. Categorização por Departamentos ou Áreas de Atuação:

Agrupamento dos funcionários de acordo com as áreas ou departamentos em que trabalham. Essa categorização ajuda a entender a distribuição de recursos humanos pela organização e facilita a alocação de pessoal para projetos e atividades específicas.

5. Categorização por Turnos ou Horários:

Classificação dos funcionários de acordo com seus horários de trabalho, especialmente relevante para empresas que operam 24 horas por dia ou têm necessidades de cobertura em diferentes períodos do dia.

Essas são apenas algumas das possíveis formas de categorizar o "estoque" de recursos humanos em uma organização. É importante ressaltar que a categorização de funcionários deve ser feita de forma justa, transparente e respeitando a privacidade e os direitos dos colaboradores. Além disso, a categorização deve ser revisada periodicamente, levando em consideração as mudanças nas necessidades da empresa e o desenvolvimento profissional dos colaboradores.

Finanças:

Na área de Finanças, a categorização de estoque refere-se à classificação dos ativos financeiros de uma empresa com base em critérios específicos. Essa categorização é útil para a gestão financeira e pode ajudar na tomada de decisões estratégicas relacionadas ao investimento, alocação de recursos e análise de desempenho financeiro. Abaixo estão algumas formas comuns de categorização de estoque no contexto das finanças:

1. Categorização por Tipo de Ativo:

Os ativos financeiros de uma empresa podem ser categorizados de acordo com o seu tipo, como:

- Ativos de Curto Prazo: Ativos que podem ser facilmente convertidos em dinheiro em um curto período de tempo, como caixa, equivalentes de caixa e contas a receber de curto prazo.

- Ativos de Longo Prazo: Ativos que têm um prazo de vencimento maior, como investimentos de longo prazo e ativos fixos tangíveis, como imóveis e equipamentos.

- Ativos Intangíveis: Ativos que não têm substância física, como marcas registradas, patentes e goodwill.

2. Categorização por Rentabilidade:

Os ativos financeiros também podem ser categorizados com base em sua rentabilidade, como:

- Ativos de Alta Rentabilidade: Ativos que têm um potencial maior de retorno sobre o investimento, mas também podem estar associados a um maior risco.

- Ativos de Baixa Rentabilidade: Ativos que têm um retorno mais baixo, mas geralmente são considerados mais seguros.

3. Categorização por Risco:

Os ativos financeiros podem ser classificados de acordo com o seu nível de risco, como:

- Ativos de Baixo Risco: Ativos considerados mais seguros, com menor probabilidade de perdas significativas.

- Ativos de Alto Risco: Ativos com maior potencial de retorno, mas também com maior probabilidade de perdas significativas.

4. Categorização por Liquidez:

Os ativos financeiros podem ser agrupados com base em sua liquidez, ou seja, a facilidade com que podem ser convertidos em dinheiro, como:

- Ativos Líquidos: Ativos facilmente convertíveis em dinheiro, como caixa e equivalentes de caixa.

- Ativos Não Líquidos: Ativos que requerem mais tempo ou esforço para serem convertidos em dinheiro, como imóveis ou investimentos de longo prazo.

Essas são algumas das formas de categorização de estoque comuns no contexto das finanças. A escolha da abordagem depende das necessidades específicas da empresa e dos objetivos financeiros. A categorização de ativos financeiros pode ajudar as empresas a entender melhor sua composição patrimonial, gerenciar riscos, tomar decisões de investimento e planejar estrategicamente o uso de recursos financeiros. É importante revisar regularmente as categorias de estoque financeiro à medida que as condições econômicas e as estratégias financeiras da empresa mudam.

- Layout lógico:

Modelagem de Dados:

A modelagem de dados é uma técnica usada para representar a estrutura e os relacionamentos dos dados em um sistema ou aplicação. No contexto do estoque, o layout lógico se refere à representação dos dados do estoque em um modelo de dados, sem levar em conta questões de implementação física, como o armazenamento real dos dados em um banco de dados.

Para criar o layout lógico do estoque, é necessário identificar os principais elementos de dados relacionados ao estoque da empresa, como produtos, categorias, fornecedores, quantidades em estoque, movimentações de entrada e saída, entre outros. Aqui estão alguns passos para criar o layout lógico do estoque:

1. Identificar as Entidades: Identifique as principais entidades (tabelas) que farão parte do modelo de dados do estoque. As entidades típicas podem incluir "Produto", "Fornecedor", "Movimentação de Entrada", "Movimentação de Saída", etc.

2. Definir os Atributos: Para cada entidade, defina os atributos que descrevem as características dos dados. Por exemplo, para a entidade "Produto", os atributos podem incluir "ID do Produto", "Nome do Produto", "Descrição", "Preço", "Quantidade em Estoque", entre outros.

3. Estabelecer Relacionamentos: Determine os relacionamentos entre as entidades. Por exemplo, um produto pode ter várias movimentações de entrada e saída associadas a ele, criando um relacionamento entre a entidade "Produto" e as entidades "Movimentação de Entrada" e "Movimentação de Saída".

4. Definir Chaves Primárias e Estrangeiras: Identifique as chaves primárias de cada entidade, que são atributos únicos usados para identificar exclusivamente cada registro da tabela. Além disso, defina as chaves estrangeiras, que são atributos que fazem referência às chaves primárias de outras entidades, estabelecendo os relacionamentos entre as tabelas.

5. Normalização: Aplique técnicas de normalização para garantir que o modelo de dados esteja bem estruturado e livre de redundâncias. A normalização é um processo que organiza os dados em tabelas de forma eficiente e minimiza a duplicação de informações.

6. Definir Restrições: Identifique quaisquer regras de negócio ou restrições que devem ser aplicadas ao modelo de dados, como restrições de integridade referencial para manter a consistência dos relacionamentos.

7. Desenvolver Diagramas: Utilize diagramas de entidade-relacionamento (DER) para representar visualmente o layout lógico do estoque. Os diagramas DER mostram as entidades, atributos e relacionamentos de forma clara e organizada.

É importante lembrar que o layout lógico do estoque é uma etapa inicial no processo de desenvolvimento do sistema de gerenciamento de estoque. Depois de criar o layout lógico, é necessário realizar a implementação física do banco de dados e desenvolver o sistema de gerenciamento de estoque com base nesse modelo de dados.

Arquitetura de Sistemas:

Na arquitetura de sistemas, o layout lógico do estoque se refere à forma como os dados relacionados ao estoque são estruturados e organizados em um sistema de gerenciamento de estoque. Essa estruturação dos dados é independente da tecnologia ou do banco de dados específico utilizado para armazená-los, sendo focada na definição de como as informações serão representadas logicamente dentro do sistema.

A seguir, estão alguns elementos importantes que compõem o layout lógico do estoque em um sistema:

1. Entidades do Estoque: Identificação das principais entidades relacionadas ao estoque, como "Produto", "Fornecedor", "Movimentação de Entrada", "Movimentação de Saída",

"Localização do Estoque", entre outras.

2. Atributos das Entidades: Definição dos atributos (campos) de cada entidade, que representam as informações relevantes para o estoque. Por exemplo, para a entidade "Produto", os atributos podem incluir "ID do Produto", "Nome", "Descrição", "Preço", "Quantidade em Estoque", etc.

3. Relacionamentos: Estabelecimento das associações entre as entidades, representando como elas se conectam e interagem. Por exemplo, a entidade "Movimentação de Entrada" pode estar relacionada à entidade "Produto" por meio de um atributo "ID do Produto", indicando qual produto está sendo movimentado.

4. Normalização: Aplicação de técnicas de normalização para garantir a eficiência e a consistência dos dados. A normalização ajuda a evitar redundâncias e a otimizar o desempenho do sistema.

5. Chaves Primárias e Estrangeiras: Definição das chaves primárias, que são atributos únicos que identificam exclusivamente cada registro em uma entidade, e das chaves estrangeiras, que estabelecem relacionamentos com outras entidades.

6. Diagramas de Entidade-Relacionamento (DER): Utilização de diagramas DER para representar visualmente a estrutura do estoque e seus relacionamentos. Os diagramas DER são uma ferramenta útil para comunicar a arquitetura do sistema de forma clara e compreensível.

7. Definição de Restrições e Regras de Negócio: Identificação de restrições e regras de negócio que devem ser aplicadas aos dados do estoque para garantir a integridade e a consistência das

informações.

O layout lógico do estoque é uma etapa importante na concepção de um sistema de gerenciamento de estoque eficiente e bem estruturado. Ele serve como base para o desenvolvimento do sistema, facilitando a implementação física do banco de dados e a construção das funcionalidades relacionadas ao estoque no sistema. É essencial que o layout lógico seja bem projetado e documentado para que os desenvolvedores possam seguir as diretrizes definidas e construir um sistema de gerenciamento de estoque sólido e confiável.

Fluxogramas e Diagramas de Processos:

Fluxogramas e diagramas de processos são ferramentas importantes para visualizar e representar o layout lógico do estoque em um sistema. Eles permitem descrever de forma clara e intuitiva os processos envolvidos no gerenciamento do estoque, desde a entrada dos produtos até a sua saída ou movimentação dentro da empresa. A seguir, apresento algumas etapas para criar fluxogramas e diagramas de processos relacionados ao estoque:

1. Identificação dos Processos: Liste os principais processos relacionados ao estoque, como recebimento de mercadorias, controle de saída, inventário, reposição de estoque, entre outros.

2. Mapeamento das Atividades: Para cada processo identificado, mapeie as atividades envolvidas, ou seja, as ações que acontecem durante a execução do processo. Por exemplo, no processo de recebimento de mercadorias, as atividades podem incluir conferência da nota fiscal, verificação da quantidade e qualidade dos produtos recebidos, registro no sistema, entre outras.

3. Sequenciamento das Atividades: Defina a ordem em que as atividades acontecem em cada processo. Isso ajudará a compreender a sequência lógica das ações e a identificar possíveis dependências entre as atividades.

4. Representação Gráfica: Utilize símbolos padronizados para representar as atividades, decisões, entradas, saídas e fluxo de informações em cada processo. Os símbolos mais comuns são retângulos para atividades, losangos para decisões, setas para o fluxo de informações, e círculos para início e fim do processo.

5. Conectando os Processos: Se houver interdependência entre os processos, conecte-os com setas para mostrar como as informações fluem entre eles. Isso é especialmente relevante em processos que envolvem a movimentação de produtos entre diferentes áreas da empresa.

6. Validar e Revisar: Após criar os fluxogramas e diagramas de processos, valide-os com a equipe responsável pelo gerenciamento do estoque e faça as revisões necessárias para garantir a precisão e a clareza das representações.

7. Documentação e Comunicação: Finalizada a criação dos fluxogramas e diagramas de processos, documente-os adequadamente e compartilhe-os com as partes interessadas envolvidas no gerenciamento do estoque. Isso ajudará a garantir que todos entendam os procedimentos e responsabilidades relacionados ao estoque.

A utilização de fluxogramas e diagramas de processos facilita a compreensão das atividades relacionadas ao estoque, permitindo identificar gargalos, melhorar a eficiência operacional e promover uma gestão mais eficaz do estoque.

Além disso, essas representações gráficas podem ser usadas como base para treinamentos e melhorias contínuas nos processos de gerenciamento de estoque.

Planejamento de Redes e Comunicação:

O planejamento de redes e comunicação é uma parte importante da arquitetura de sistemas, e também pode ser relevante no contexto do estoque, principalmente quando se trata de sistemas informatizados que lidam com o gerenciamento do estoque. Abaixo estão alguns aspectos importantes do planejamento de redes e comunicação relacionados ao estoque e seu layout lógico:

1. Infraestrutura de Rede: Planeje a infraestrutura de rede necessária para conectar todos os dispositivos que fazem parte do sistema de gerenciamento de estoque. Isso inclui computadores, servidores, dispositivos móveis e quaisquer outros equipamentos que precisem acessar o sistema de estoque.

2. Rede Local (LAN): Garanta que a rede local seja capaz de suportar a comunicação eficiente entre os dispositivos dentro da empresa. Isso é especialmente importante quando várias pessoas ou setores acessam simultaneamente o sistema de gerenciamento de estoque.

3. Segurança da Rede: Implemente medidas de segurança adequadas para proteger a rede e os dados do estoque contra ameaças cibernéticas, como ataques de hackers, malware e roubo de dados.

4. Conexões Remotas: Se houver a necessidade de conexões remotas para acesso ao sistema de estoque fora da empresa, como em filiais ou por funcionários em deslocamento, considere

utilizar tecnologias seguras de acesso remoto, como VPN (Rede Privada Virtual).

5. Comunicação com Fornecedores e Clientes: Caso o sistema de gerenciamento de estoque precise se comunicar com fornecedores ou clientes, como para realizar pedidos ou atualizar informações de estoque em tempo real, verifique se existem interfaces ou integrações adequadas para facilitar essa comunicação.

6. Capacidade e Desempenho da Rede: Avalie a capacidade da rede para lidar com a quantidade de dados gerados e trafegados pelo sistema de estoque, garantindo que a comunicação seja rápida e confiável.

7. Backup e Recuperação: Certifique-se de que existam mecanismos de backup e recuperação adequados para os dados do estoque, para que informações importantes não sejam perdidas em caso de falhas ou desastres.

8. Monitoramento da Rede: Implemente ferramentas de monitoramento da rede para acompanhar o desempenho e a disponibilidade do sistema de estoque, identificando eventuais problemas de comunicação de forma proativa.

9. Atualização Tecnológica: Esteja sempre atento às evoluções tecnológicas e atualize a infraestrutura de rede e os equipamentos quando necessário, para garantir a eficiência e a segurança das operações de estoque.

O planejamento de redes e comunicação é fundamental para garantir o bom funcionamento do sistema de gerenciamento de estoque e a eficiência das operações relacionadas ao estoque. A adoção de boas práticas de segurança, a escolha de tecnologias adequadas e a capacitação da equipe em relação ao uso da rede são essenciais para o sucesso do planejamento e implantação de uma rede eficiente para o gerenciamento de estoque.

Modelagem de Negócios:

A modelagem de negócios é uma etapa essencial no planejamento e gerenciamento do estoque de uma empresa. Ela envolve a análise e o desenho de processos e estratégias que garantam uma gestão eficiente do estoque, levando em consideração as necessidades da empresa e dos clientes. A seguir, apresento alguns aspectos importantes da modelagem de negócios relacionados ao layout do estoque:

1. Análise de Processos: Faça uma análise detalhada dos processos relacionados ao estoque, desde a chegada dos produtos até a sua saída ou movimentação interna. Identifique os pontos de melhoria, gargalos e oportunidades de otimização.

2. Identificação de Responsabilidades: Defina claramente as responsabilidades de cada setor ou equipe envolvida no gerenciamento do estoque. Isso inclui a equipe de compras, recebimento, armazenamento, controle de qualidade, expedição, entre outros.

3. Integração com Outros Setores: Verifique a integração do estoque com outros setores da empresa, como vendas, produção e financeiro. Uma comunicação eficiente entre os setores é fundamental para garantir o fluxo adequado de informações e a coordenação das atividades.

4. Políticas de Estoque: Defina as políticas de estoque da empresa, como os níveis mínimos e máximos de estoque, a frequência de reposição, os critérios de classificação dos produtos, entre

outros. Essas políticas devem estar alinhadas com os objetivos e metas da empresa.

5. Tecnologia e Sistemas: Avalie a utilização de sistemas informatizados de gerenciamento de estoque, que podem facilitar a gestão e o controle das informações. Escolha uma tecnologia adequada às necessidades da empresa e que permita uma visão completa do estoque em tempo real.

6. Layout Físico: O layout físico do estoque é importante para garantir a organização e a eficiência das operações. Planeje a disposição dos produtos e dos equipamentos de armazenamento de forma a otimizar o espaço e facilitar o acesso aos itens.

7. Controle de Qualidade: Implemente um sistema de controle de qualidade para garantir que os produtos em estoque atendam aos padrões estabelecidos pela empresa. Isso inclui a inspeção dos produtos recebidos e o monitoramento periódico do estado dos itens em estoque.

8. Gestão de Fornecedores: A gestão de fornecedores é fundamental para garantir o abastecimento adequado do estoque. Estabeleça parcerias estratégicas com fornecedores confiáveis e negocie condições favoráveis de compra.

9. Capacitação da Equipe: Invista na capacitação da equipe responsável pelo estoque, oferecendo treinamentos e atualizações sobre as melhores práticas de gerenciamento de estoque.

10. Métricas e Indicadores: Estabeleça métricas e indicadores de desempenho para avaliar a eficiência do estoque e identificar possíveis melhorias. Acompanhe regularmente os resultados e faça ajustes conforme necessário.

A modelagem de negócios para o layout do estoque envolve a consideração de vários aspectos, desde a organização física até a integração com outros setores e a utilização de tecnologia. É um processo contínuo que exige adaptações conforme a empresa cresce e as demandas mudam, visando sempre otimizar o gerenciamento do estoque e garantir a satisfação dos clientes.

Nos tópicos acima, discorremos sobre layout logico inclusive em outros ramos de atividade pois achei que o link de entendimento seria fácil assim.

Então resumindo o layout(disposição dos racks e armários por exemplo ou o que mais se usa ficar de mais fácil acesso), tem que fazer sentido, que a movimentação e o acesso aos itens do estoque seja intuitivo, fácil e o mais rápido possível.

- Identificação e etiquetagem:

Organização:

A etiquetagem é uma prática essencial para garantir a organização eficiente do estoque de uma empresa. Ela consiste na identificação de produtos e itens armazenados por meio de etiquetas ou códigos, que contêm informações relevantes para o controle e a localização dos produtos. Abaixo estão alguns pontos importantes sobre a etiquetagem e sua contribuição para a organização do estoque:

1. Identificação Única: Cada produto deve receber uma identificação única por meio de uma etiqueta ou código. Isso evita confusões e facilita a localização precisa do item dentro do estoque.

2. Informações Essenciais: A etiqueta deve conter informações essenciais sobre o produto, como nome, descrição, código de referência, número de lote (se aplicável), data de validade (se aplicável), entre outras informações relevantes.

3. Tecnologia de Etiquetagem: Utilize tecnologias adequadas para a etiquetagem, como etiquetas adesivas com códigos de barras, QR codes ou etiquetas RFID (Identificação por Radiofrequência). Essas tecnologias permitem uma identificação rápida e precisa dos produtos.

4. Localização no Estoque: Afixe as etiquetas em locais visíveis e de fácil acesso nos produtos ou nas embalagens, facilitando a leitura e a identificação pelos colaboradores do estoque.

5. Mapeamento do Estoque: A etiquetagem também pode ser utilizada para mapear o estoque, indicando as áreas e os endereços específicos onde os produtos estão armazenados. Isso ajuda a evitar a desorganização e perdas de tempo durante o processo de busca por produtos no estoque.

6. Etiquetagem Padronizada: Estabeleça um padrão para a etiquetagem, garantindo que todas as etiquetas sigam o mesmo formato e contenham as mesmas informações. Isso facilita a compreensão e a identificação dos produtos por toda a equipe.

7. Atualização Regular: Mantenha as etiquetas atualizadas conforme ocorram alterações no estoque, como novos produtos, mudanças de endereço ou atualização de informações.

8. Integração com Sistemas: Se a empresa utiliza sistemas informatizados para o gerenciamento do estoque, integre a etiquetagem com esses sistemas para garantir que as

informações sejam atualizadas automaticamente.

9. Treinamento da Equipe: Capacite a equipe do estoque para que saibam como utilizar as etiquetas corretamente e compreendam a importância da etiquetagem para a organização do estoque.

A etiquetagem adequada dos produtos é um elemento fundamental para a organização e a eficiência do estoque. Ela facilita a identificação, o controle e a localização dos itens, permitindo que a equipe do estoque tenha uma visão clara do inventário e possa atender às demandas dos clientes de forma mais ágil e precisa.

Rastreabilidade:

A rastreabilidade é um aspecto importante relacionado à etiquetagem no contexto do controle de estoque. Ela se refere à capacidade de rastrear a origem, o histórico e a localização de um determinado produto desde o seu recebimento até o momento em que ele é entregue ao cliente ou utilizado pela empresa. A rastreabilidade é fundamental em diversas indústrias e setores, especialmente naqueles em que a segurança, a qualidade e a conformidade são critérios essenciais. Abaixo estão alguns pontos relevantes sobre a rastreabilidade na etiquetagem:

1. Identificação Individual: Cada item em estoque deve ser identificado individualmente por meio de uma etiqueta única contendo informações específicas sobre o produto, como número de série, data de fabricação, número de lote, entre outras.

2. Registro de Informações: Ao receber um produto, é importante registrar as informações relevantes sobre ele, como data de entrada, fornecedor, características específicas e outros

dados importantes.

3. Registro de Movimentações: À medida que o produto é movimentado dentro do estoque, seja para armazenamento, produção ou expedição, é fundamental registrar essas movimentações para rastrear sua localização atual.

4. Rastreamento no Processo Produtivo: Para indústrias que utilizam componentes ou matérias-primas em seus processos produtivos, a rastreabilidade permite acompanhar a origem e a utilização de cada componente nos produtos finais.

5. Identificação de Lotes: Em casos de recall ou identificação de problemas específicos com um lote de produtos, a rastreabilidade possibilita localizar rapidamente os itens afetados.

6. Conformidade e Certificações: Em setores que requerem certificações de qualidade ou conformidade com regulamentações, a rastreabilidade é fundamental para comprovar a origem e a qualidade dos produtos.

7. Segurança Alimentar: Na indústria de alimentos, a rastreabilidade é essencial para identificar a origem de ingredientes, evitar contaminações e garantir a segurança dos alimentos para os consumidores.

8. Utilização de Tecnologias: A rastreabilidade pode ser aprimorada com o uso de tecnologias de identificação, como códigos de barras, QR codes ou etiquetas RFID, que permitem a captura e o registro automatizados de dados.

9. Gerenciamento de Informações: É importante contar com sistemas de gerenciamento que possibilitem o acesso rápido e

preciso às informações rastreadas, facilitando a localização e análise dos dados.

10. Manutenção de Registros: Mantenha registros detalhados sobre os produtos e suas movimentações ao longo do tempo, permitindo a rastreabilidade retroativa, se necessário.

A rastreabilidade na etiquetagem do estoque é uma prática essencial para garantir a segurança, a qualidade e a conformidade dos produtos. Além disso, ela contribui para a eficiência e o controle das operações, possibilitando uma gestão mais eficaz e melhor atendimento às demandas dos clientes.

Redução de Erros:

A etiquetagem adequada é uma medida importante para reduzir erros e garantir a eficiência no controle de estoque e em outros processos dentro de uma empresa. Abaixo estão algumas formas em que a etiquetagem pode contribuir para a redução de erros:

1. Identificação Precisa: A etiquetagem fornece uma identificação clara e precisa dos produtos, o que evita confusões e erros de identificação durante o recebimento, armazenamento e expedição de itens.

2. Evitar Misturas: Com etiquetas adequadas, é mais fácil evitar a mistura de produtos similares, mas distintos, que podem causar problemas de qualidade ou entrega equivocada.

3. Controle de Lotes: Através da etiquetagem com informações sobre lotes, é possível acompanhar e controlar produtos com características específicas, como data de fabricação, validade, origem, etc.

4. Informações Relevantes: As etiquetas contêm informações importantes sobre os produtos, como descrição, quantidade, fornecedor, data de entrada e saída, entre outras, facilitando o controle das informações.

5. Tecnologias de Identificação: Utilizar tecnologias como códigos de barras, QR codes ou etiquetas RFID para a etiquetagem permite uma identificação mais rápida e precisa dos produtos, reduzindo erros manuais.

6. Rastreabilidade: A rastreabilidade possibilitada pela etiquetagem ajuda a identificar rapidamente a origem de problemas ou erros, permitindo uma ação corretiva mais eficiente.

7. Padronização: A padronização das etiquetas e informações facilita o entendimento por parte dos colaboradores, reduzindo a probabilidade de erros causados por falta de clareza nas informações.

8. Integração com Sistemas: Integrar as etiquetas com os sistemas de gerenciamento de estoque e informações da empresa garante que os dados estejam atualizados em tempo real, evitando inconsistências.

9. Treinamento da Equipe: Investir em treinamento adequado para a equipe do estoque é essencial para garantir que a etiquetagem seja realizada corretamente e que os colaboradores entendam a importância do processo para evitar erros.

10. Monitoramento Contínuo: Realizar auditorias e revisões periódicas das etiquetas e processos de etiquetagem ajuda a identificar possíveis erros e oportunidades de melhoria.

A etiquetagem eficiente é uma ferramenta valiosa para reduzir erros, evitar problemas de logística e garantir a qualidade dos produtos e serviços oferecidos pela empresa. Ao investir em uma etiquetagem adequada, as empresas podem melhorar a precisão de seus processos, aumentar a satisfação dos clientes e otimizar o controle de estoque e outras operações internas.

Eficiência Operacional:

A etiquetagem desempenha um papel essencial na busca pela eficiência operacional de uma empresa, especialmente quando aplicada ao controle de estoque e à gestão de produtos. Abaixo estão algumas formas em que a etiquetagem pode contribuir para melhorar a eficiência operacional:

1. Identificação Rápida: Com etiquetas claras e bem posicionadas, a equipe pode identificar rapidamente os produtos, reduzindo o tempo gasto na busca por itens específicos no estoque.

2. Movimentação Eficiente: Etiquetas com códigos de barras, QR codes ou RFID facilitam a leitura e o registro dos produtos em movimentações internas, tornando a transferência de produtos entre setores mais ágil e precisa.

3. Controle de Inventário: A etiquetagem adequada permite o controle eficiente do estoque, facilitando a contagem física e o registro dos produtos em tempo real, minimizando as chances de erros.

4. Rastreabilidade: Através da rastreabilidade proporcionada pela etiquetagem, é possível acompanhar o histórico dos produtos, facilitando a identificação de problemas, recall de

produtos ou investigação de falhas no processo.

5. Prevenção de Perdas: Com a etiquetagem adequada, é possível reduzir perdas de produtos e materiais, pois é mais fácil rastrear e localizar itens em caso de extravio ou extravio.

6. Padronização: A padronização das etiquetas e dos processos de etiquetagem promove a consistência e facilita a compreensão das informações pelos colaboradores, evitando erros decorrentes de interpretações divergentes.

7. Integração com Sistemas: A integração das etiquetas com sistemas de gestão possibilita o acesso em tempo real a informações sobre o estoque, o que contribui para uma tomada de decisão mais informada e assertiva.

8. Redução de Desperdícios: Com uma gestão eficiente do estoque, evita-se a acumulação excessiva de produtos, reduzindo desperdícios e otimizando o espaço de armazenamento.

9. Precisão nos Pedidos: Com etiquetagem adequada, há menos chances de erros nos pedidos, o que evita a devolução de produtos ou problemas com clientes.

10. Agilidade nas Operações: A etiquetagem ajuda a agilizar as operações de recebimento, armazenamento e expedição de produtos, tornando o fluxo de trabalho mais eficiente e produtivo.

Em suma, a etiquetagem eficiente é uma ferramenta poderosa para aprimorar a eficiência operacional de uma empresa. Ao investir em processos de etiquetagem adequados, a empresa pode melhorar a gestão de estoque, reduzir erros, aumentar a produtividade da equipe e, consequentemente, alcançar melhores resultados em suas operações.

Conformidade com Normas e Regulamentos:

A conformidade com normas e regulamentos é um aspecto fundamental em diversos setores da indústria e do comércio. A etiquetagem adequada desempenha um papel importante nesse contexto, garantindo que os produtos estejam em conformidade com as exigências legais e as normas específicas aplicáveis ao seu segmento. Abaixo estão algumas considerações sobre como a etiquetagem pode contribuir para a conformidade com normas e regulamentos:

1. Informações Obrigatórias: Em muitos setores, existem informações obrigatórias que devem constar nas etiquetas dos produtos, como data de fabricação, data de validade, composição, número de lote, identificação do fabricante, entre outras.

2. Rotulagem de Segurança: Produtos químicos, alimentos, medicamentos e outros itens podem requerer etiquetas específicas com símbolos e avisos de segurança, conforme estabelecido por regulamentações de saúde e segurança.

3. Identificação de Certificações: Produtos que possuem certificações ou selos de qualidade precisam ser devidamente identificados por meio de etiquetas que atestem a sua conformidade com as normas aplicáveis.

4. Rastreabilidade: Em alguns setores, como o de alimentos e medicamentos, é necessário garantir a rastreabilidade dos produtos por meio de etiquetas, permitindo a identificação da origem e a rastreabilidade de possíveis problemas ou recall.

5. Legibilidade das Etiquetas: As informações nas etiquetas devem ser legíveis e estar em conformidade com as normas de apresentação de dados, garantindo que os consumidores possam ler e compreender as informações relevantes.

6. Etiquetagem de Embalagens: A etiquetagem das embalagens de transporte e expedição também deve estar em conformidade com as normas e regulamentos de transporte de produtos perigosos ou sensíveis.

7. Regulamentações Locais e Internacionais: Dependendo do mercado em que a empresa atua, podem existir normas e regulamentos específicos que devem ser considerados na etiquetagem dos produtos.

8. Controle de Advertências e Alergênicos: Em alimentos e medicamentos, por exemplo, é necessário controlar e destacar informações sobre alergênicos e advertências específicas em etiquetas.

9. Registros e Documentação: A empresa deve manter registros e documentação adequada sobre a conformidade das etiquetas com as normas e regulamentos aplicáveis.

10. Auditorias e Inspeções: A empresa deve estar preparada para auditorias e inspeções regulares para verificar a conformidade das etiquetas e dos processos de etiquetagem.

Em resumo, a etiquetagem adequada é essencial para garantir a conformidade com as normas e regulamentos aplicáveis aos produtos e ao setor em que a empresa atua. Além disso, a conformidade com essas exigências é fundamental para a segurança dos consumidores, a reputação da empresa e o cumprimento das obrigações legais. Portanto, é essencial que a empresa invista em um processo de etiquetagem eficiente e que mantenha-se atualizada sobre as normas e regulamentos em seu segmento de atuação.

Comunicação:

A comunicação eficiente é um dos principais benefícios da etiquetagem adequada nos processos de controle de estoque e identificação de produtos. A etiquetagem é uma forma de transmitir informações de maneira clara, rápida e precisa, o que é essencial para garantir uma comunicação eficiente entre os diferentes setores e colaboradores da empresa. Abaixo estão alguns aspectos da comunicação relacionados à etiquetagem:

1. Identificação Rápida: As etiquetas permitem que os colaboradores identifiquem rapidamente os produtos, materiais e itens em estoque, reduzindo o tempo gasto na busca e evitando erros de identificação.

2. Informações Relevantes: As etiquetas contêm informações importantes sobre os produtos, como descrição, código, quantidade, fornecedor, data de fabricação, validade, entre outras, facilitando a comunicação de detalhes essenciais.

3. Padronização: A padronização das etiquetas e das informações facilita a comunicação entre os colaboradores, já que todos compreendem a mesma estrutura de informações.

4. Rastreabilidade: A etiquetagem possibilita a rastreabilidade dos produtos, permitindo que a comunicação flua de forma mais eficiente em caso de necessidade de rastrear a origem de problemas ou falhas.

5. Integração com Sistemas: A integração das etiquetas com sistemas de gestão e controle de estoque facilita a comunicação em tempo real e o compartilhamento de informações entre diferentes setores da empresa.

6. Redução de Erros: Uma comunicação clara e precisa por meio de etiquetas reduz a probabilidade de erros na identificação de produtos, evitando falhas em processos e operações.

7. Treinamento da Equipe: A etiquetagem adequada permite que a equipe seja treinada de forma mais eficiente, já que as informações são apresentadas de maneira clara e padronizada.

8. Agilidade nas Operações: Com a comunicação facilitada pela etiquetagem, as operações podem ser realizadas de forma mais ágil, melhorando a produtividade e o fluxo de trabalho.

9. Comunicação com Clientes: Em produtos destinados aos clientes finais, as etiquetas também podem fornecer informações importantes sobre o produto, como instruções de uso, cuidados, benefícios e advertências.

10. Organização do Ambiente: A etiquetagem também pode ser aplicada na identificação de áreas, prateleiras e locais de armazenamento, contribuindo para a organização do ambiente de trabalho e melhorando a comunicação visual.

Em suma, a etiquetagem adequada é uma ferramenta valiosa para a comunicação eficiente dentro da empresa. Ela contribui para a agilidade dos processos, a redução de erros, a padronização das informações e a integração entre os setores. Uma comunicação clara e precisa por meio das etiquetas é essencial para otimizar as operações e garantir o bom funcionamento dos processos logísticos e de controle de estoque.

Segurança:

A etiquetagem também desempenha um papel crucial na segurança dos produtos e dos colaboradores, especialmente em setores como o de alimentos, produtos químicos, farmacêuticos e outros que lidam com materiais sensíveis ou perigosos. Abaixo estão alguns aspectos relacionados à segurança na etiquetagem:

1. Identificação de Produtos Perigosos: Em setores que lidam com produtos químicos, tóxicos ou inflamáveis, as etiquetas devem conter informações sobre os riscos associados ao produto, como símbolos de perigo, advertências e instruções de manuseio seguro.

2. Informações de Segurança: As etiquetas podem conter informações sobre precauções de uso, armazenamento adequado, equipamentos de proteção individual (EPIs) necessários e medidas de emergência em caso de acidentes.

3. Identificação de Produtos Controlados: Em setores regulados por agências governamentais, as etiquetas podem conter informações de controle, como identificação de produtos sujeitos a restrições legais.

4. Identificação de Data de Validade: A etiquetagem com data de validade é essencial para garantir a segurança do consumidor em produtos perecíveis, como alimentos e medicamentos.

5. Etiquetas de Emergência: Em locais de trabalho, as etiquetas de emergência podem ser usadas para identificar saídas de emergência, extintores de incêndio, equipamentos de primeiros

socorros e rotas de fuga.

6. Etiquetagem Anti-Falsificação: Em setores que lidam com produtos suscetíveis à falsificação, as etiquetas podem incluir elementos de segurança, como códigos QR, hologramas ou marcas d'água para verificar a autenticidade do produto.

7. Identificação de Alérgenos: Em embalagens de alimentos e produtos cosméticos, as etiquetas devem destacar informações sobre a presença de alérgenos para proteger os consumidores que possam ter restrições alimentares.

8. Etiquetagem de Equipamentos: Em locais industriais, a etiquetagem de equipamentos pode conter informações sobre manutenção preventiva, riscos de uso inadequado e identificação de peças sobressalentes.

9. Etiquetas de Bloqueio e Sinalização: Etiquetas de bloqueio e sinalização são usadas para identificar equipamentos em manutenção ou reparo, evitando acidentes causados pelo uso indevido durante esse período.

10. Advertências em Embalagens de Transporte: As etiquetas de segurança nas embalagens de transporte garantem que os produtos sejam manuseados corretamente durante a logística, minimizando danos e riscos.

Em resumo, a etiquetagem de segurança é uma prática essencial em muitos setores para garantir a proteção dos colaboradores, consumidores e do meio ambiente. A identificação correta de produtos perigosos, a inclusão de informações de segurança, a sinalização de rotas de fuga e a etiquetagem anti-falsificação são algumas das estratégias utilizadas para garantir a segurança em processos industriais, logísticos e de consumo. A etiquetagem adequada contribui para prevenir acidentes, minimizar riscos e garantir a conformidade com as normas e regulamentos de segurança aplicáveis.

- Estoque mínimo e máximo:

Definir os níveis de estoque mínimo e máximo é uma prática essencial na gestão de estoque de uma empresa. Esses valores determinam os limites em que a quantidade de produtos em estoque deve se manter para atender à demanda de forma eficiente e evitar problemas como a falta ou o excesso de mercadorias. A importância de estabelecer esses limites está relacionada a diversos benefícios, tais como:

1. Atendimento à Demanda: Ao definir um estoque mínimo, garante-se que a empresa tenha uma quantidade mínima de produtos disponíveis para atender à demanda dos clientes, evitando a falta de mercadorias e possíveis perdas de vendas.

2. Evitar Estoques Excessivos: Ao estabelecer um estoque máximo, a empresa evita a acumulação desnecessária de mercadorias, o que pode levar ao aumento de custos de armazenamento e à obsolescência de produtos.

3. Redução de Custos: Manter um estoque mínimo adequado ajuda a reduzir os custos de armazenamento, manuseio e seguros, bem como o risco de deterioração ou vencimento dos produtos em estoque.

4. Melhoria da Eficiência Operacional: Ao manter estoques mínimos e máximos bem definidos, a empresa otimiza os processos de compras e gestão de estoque, tornando-os mais ágeis e eficientes.

5. Redução de Riscos: Estabelecer um estoque mínimo de segurança ajuda a mitigar os riscos de faltas de produtos em momentos críticos, como em períodos de alta demanda ou atrasos nas entregas dos fornecedores.

6. Melhoria do Fluxo de Caixa: Com estoques bem controlados, a empresa reduz a necessidade de investir capital em excesso em produtos estocados, o que pode melhorar o fluxo de caixa.

7. Tomada de Decisões Estratégicas: Os níveis de estoque mínimo e máximo fornecem informações importantes para a tomada de decisões estratégicas, como planejamento de compras, negociação com fornecedores e definição de políticas de descontos.

8. Melhoria no Atendimento ao Cliente: Com um estoque bem gerenciado, a empresa pode garantir a disponibilidade dos produtos no momento da venda, melhorando o atendimento ao cliente e sua satisfação.

A definição do estoque mínimo e máximo é baseada em análises de demanda, histórico de vendas, prazos de entrega dos fornecedores e outros fatores relevantes para o negócio. É importante realizar uma gestão contínua desses níveis, ajustando-os conforme as mudanças nas demandas do mercado e nas condições da cadeia de suprimentos. Assim, a empresa poderá operar de forma mais eficiente, reduzindo custos e garantindo a satisfação de clientes e stakeholders.

E para definir os estoques mínimo e máximo de forma adequada, é necessário realizar uma análise criteriosa da demanda, dos prazos de entrega dos fornecedores e dos custos envolvidos na gestão de estoque. Aqui estão algumas etapas para ajudar nesse processo:

1. Análise de Demanda: Analise o histórico de vendas e a sazonalidade dos produtos para identificar padrões de demanda. Considere também fatores como flutuações sazonais e eventos que possam afetar a demanda.

2. Prazo de Entrega dos Fornecedores: Verifique os prazos de entrega dos fornecedores e leve em conta possíveis atrasos. Isso é fundamental para determinar o estoque mínimo que garantirá o abastecimento até a próxima entrega.

3. Ponto de Ressuprimento (ROP - Reorder Point): O ROP é o nível de estoque em que um novo pedido de reposição deve ser feito. Ele é calculado com base na demanda média diária e no tempo de entrega dos fornecedores. O ROP é o estoque mínimo necessário para evitar a falta de mercadorias durante o período de ressuprimento.

4. Estoque de Segurança: O estoque de segurança é uma quantidade adicional de produtos mantida para lidar com variações na demanda e atrasos na entrega dos fornecedores. Ele é calculado com base na variabilidade da demanda e do tempo de entrega. Quanto mais incertos forem esses fatores, maior deve ser o estoque de segurança.

5. Estoque Máximo: O estoque máximo é o limite superior que a empresa define para o estoque de determinado produto. Ele leva em consideração o espaço físico disponível para armazenamento, o giro do estoque e a necessidade de evitar o acúmulo excessivo de mercadorias.

6. Custo de Manter Estoque: Considere os custos associados ao armazenamento de estoque, como aluguel de espaço, seguro,

depreciação e obsolescência. Um estoque maior implica em custos mais altos de armazenagem.

7. Custos de Falta de Estoque: Avalie os custos associados à falta de estoque, como perda de vendas, insatisfação do cliente e possíveis penalidades contratuais. Isso ajudará a determinar o nível adequado de estoque mínimo.

8. Uso de Tecnologia: Utilize sistemas de gestão de estoque e ferramentas de previsão de demanda para auxiliar no cálculo dos estoques mínimo e máximo. A tecnologia pode fornecer informações mais precisas e atualizadas para a tomada de decisões.

9. Monitoramento Contínuo: Os estoques mínimo e máximo devem ser reavaliados regularmente, pois as condições de mercado e da cadeia de suprimentos estão em constante mudança.

Lembrando que cada empresa tem suas particularidades, e a definição dos estoques mínimo e máximo deve ser ajustada de acordo com a realidade de cada negócio. A gestão de estoque é uma atividade contínua e estratégica que requer análises detalhadas e decisões bem fundamentadas para garantir a eficiência operacional e a satisfação dos clientes.

- Sistema de controle de estoque:

Visão em tempo real:

Um sistema de controle de estoque com visão em tempo real é uma solução tecnológica que permite monitorar e gerenciar o estoque de uma empresa de forma automatizada e atualizada em tempo real. Esse tipo de sistema fornece informações em tempo real sobre os níveis de estoque, movimentações de entrada e saída de produtos, rastreabilidade, localização física dos itens, entre outras informações relevantes.

As principais características e benefícios de um sistema de controle de estoque com visão em tempo real incluem:

1. Monitoramento Contínuo: O sistema permite o monitoramento constante do estoque, o que possibilita uma visão em tempo real sobre a disponibilidade de produtos e a necessidade de reabastecimento.

2. Tomada de Decisões Rápidas: Com informações atualizadas em tempo real, os gestores podem tomar decisões mais rápidas e assertivas em relação ao estoque, evitando faltas ou excessos de produtos.

3. Redução de Custos: Ao evitar estoques desnecessários e ter controle sobre a movimentação dos produtos, o sistema contribui para a redução de custos de armazenamento e obsolescência.

4. Integração com Outros Setores: Um sistema de controle de estoque em tempo real pode ser integrado com outros setores da empresa, como vendas e compras, facilitando o fluxo de informações e otimizando os processos.

5. Rastreabilidade e Rastreamento: O sistema permite rastrear a origem e o destino de cada item em estoque, o que é útil para garantir a qualidade dos produtos e rastrear eventuais problemas.

6. Alertas e Notificações: O sistema pode ser configurado para enviar alertas e notificações automáticas sobre situações

críticas, como estoque abaixo do mínimo ou produtos com data de validade próxima do vencimento.

7. Relatórios e Análises: Um sistema de controle de estoque em tempo real fornece relatórios e análises detalhadas sobre a movimentação dos produtos, ajudando na identificação de padrões e oportunidades de melhoria.

8. Acesso Remoto: Dependendo da solução adotada, é possível acessar o sistema de controle de estoque de forma remota, o que é vantajoso para gestores que precisam acompanhar o estoque fora do ambiente físico da empresa.

9. Segurança dos Dados: Um sistema confiável e seguro protege as informações do estoque contra perdas e acessos não autorizados.

10. Integração com Códigos de Barras ou RFID: A integração com tecnologias como códigos de barras ou RFID permite uma gestão mais eficiente do estoque, facilitando a identificação e o controle dos produtos.

A implementação de um sistema de controle de estoque em tempo real pode trazer diversos benefícios para a empresa, proporcionando uma visão mais precisa e atualizada sobre o estoque, agilizando processos, reduzindo custos e melhorando o atendimento ao cliente.

Redução de custos:

A implementação de um sistema de monitoramento pode trazer diversas vantagens e, consequentemente, contribuir para a redução de custos em uma empresa. Algumas das principais formas pelas quais um sistema de monitoramento pode ajudar a reduzir custos são:

1. Eficiência Operacional: Com um sistema de monitoramento, é possível acompanhar em tempo real as operações da empresa, identificando gargalos e falhas nos processos. Isso permite que a empresa tome medidas corretivas rapidamente, evitando perdas de tempo e recursos em atividades ineficientes.

2. Prevenção de Problemas: Um sistema de monitoramento pode ajudar a prevenir problemas antes que eles aconteçam. Por exemplo, monitorar máquinas e equipamentos pode permitir a identificação antecipada de falhas e a realização de manutenções preventivas, evitando paradas não programadas e custos de reparos mais elevados.

3. Controle de Estoques: Com um sistema de monitoramento do estoque em tempo real, é possível evitar faltas ou excessos de produtos, otimizando a gestão do estoque e reduzindo custos associados ao armazenamento e obsolescência.

4. Redução de Roubos e Perdas: Um sistema de monitoramento de segurança pode ajudar a reduzir roubos e perdas de materiais e mercadorias, diminuindo prejuízos financeiros.

5. Economia de Energia: Através do monitoramento dos consumos de energia, é possível identificar oportunidades de economia e adotar medidas para reduzir os gastos com eletricidade, água, entre outros recursos.

6. Gestão de Frota: Com um sistema de monitoramento veicular, é possível otimizar as rotas e a manutenção da frota, reduzindo custos com combustível e manutenções desnecessárias.

7. Redução de Erros e Retrabalho: O monitoramento de

processos pode ajudar a identificar erros e retrabalhos, permitindo a implementação de ações corretivas e evitando perdas de tempo e recursos.

8. Melhoria no Atendimento ao Cliente: Com um sistema de monitoramento do atendimento ao cliente, é possível identificar oportunidades de melhoria no serviço prestado, aumentando a satisfação do cliente e reduzindo os custos associados a reclamações e devoluções.

9. Análise de Dados: O sistema de monitoramento coleta dados em tempo real que podem ser utilizados para análises e tomada de decisões estratégicas, permitindo que a empresa identifique oportunidades de redução de custos em diversas áreas.

Em resumo, um sistema de monitoramento adequado pode trazer uma série de benefícios para a empresa, que vão desde a melhoria da eficiência operacional até a redução de custos em diferentes processos. É importante que a implementação do sistema seja planejada e bem executada, levando em conta as necessidades específicas da empresa e buscando soluções que realmente agreguem valor e contribuam para a redução de custos de forma sustentável.

Melhoria no atendimento ao cliente:

Um sistema de monitoramento de estoque pode contribuir significativamente para a melhoria no atendimento ao cliente de várias formas. Algumas das principais melhorias que podem ser alcançadas são:

1. Disponibilidade de Produtos: Com o sistema de monitoramento de estoque, é possível acompanhar em tempo real a quantidade de produtos disponíveis no estoque. Isso

permite que a empresa evite vender produtos que não estão em estoque, reduzindo a ocorrência de vendas não atendidas e aumentando a satisfação do cliente.

2. Agilidade no Atendimento: Com informações atualizadas sobre o estoque, os vendedores podem atender os clientes de forma mais ágil, fornecendo informações precisas sobre a disponibilidade de produtos, prazos de entrega e opções de substituição em caso de falta de algum item.

3. Prazo de Entrega: O sistema de monitoramento pode auxiliar na gestão de pedidos, permitindo que a empresa tenha maior controle sobre os prazos de entrega. Isso possibilita que os prazos sejam cumpridos de forma mais eficiente, contribuindo para a satisfação dos clientes.

4. Previsão de Demanda: Com base nas informações do sistema de monitoramento, é possível fazer uma previsão mais precisa da demanda futura. Isso ajuda a empresa a se preparar para picos de demanda, evitando problemas de falta de estoque em momentos críticos.

5. Evitar Vendas Excedentes: O sistema de monitoramento também auxilia na identificação de produtos que estejam com baixa saída, permitindo que a empresa evite acumular estoque de itens que não estão sendo vendidos, reduzindo o risco de obsolescência e desperdício.

6. Gestão de Devoluções: Com informações detalhadas sobre as movimentações de estoque, é possível melhorar o processo de gestão de devoluções. Isso facilita a identificação de produtos com problemas de qualidade, bem como a reposição ou reembolso aos clientes de forma mais rápida e eficiente.

7. Análise de Perdas: O sistema de monitoramento também pode ajudar a identificar possíveis perdas no estoque, como produtos vencidos ou danificados. Com essa informação, a empresa pode tomar medidas para reduzir essas perdas, melhorando a eficiência e a rentabilidade do negócio.

8. Personalização do Atendimento: Com acesso a dados detalhados sobre o histórico de compras dos clientes, é possível personalizar o atendimento, oferecendo produtos e serviços mais adequados ao perfil e preferências de cada cliente.

Em resumo, um sistema de monitoramento de estoque contribui para melhorar o atendimento ao cliente ao oferecer informações precisas e atualizadas sobre a disponibilidade de produtos, prazos de entrega e histórico de compras. Com essas informações em mãos, a empresa pode aprimorar seus processos, otimizar o atendimento e garantir a satisfação dos clientes, o que resulta em uma vantagem competitiva no mercado.

Planejamento de compras:

O planejamento de compras com sistema de monitoramento é uma abordagem estratégica que permite à empresa tomar decisões mais assertivas e eficientes na aquisição de materiais e produtos necessários para o seu funcionamento. Esse tipo de sistema possibilita o acompanhamento em tempo real dos estoques, demanda, histórico de compras, fornecedores e outros indicadores relevantes. Abaixo, estão alguns passos importantes para realizar o planejamento de compras com o auxílio de um sistema de monitoramento:

1. **Análise de Demanda**: Utilize os dados de vendas e projeções

de demanda para identificar quais produtos são mais solicitados pelos clientes e quais são as tendências de consumo. Isso ajudará a determinar as prioridades de compra.

2. **Estoque Atual**: Verifique o nível de estoque atual dos produtos para entender quais itens estão abaixo do estoque mínimo e precisam ser repostos.

3. **Histórico de Compras**: Utilize o histórico de compras para identificar padrões de consumo e para negociar melhores condições com os fornecedores.

4. **Cotação de Preços**: Com o sistema de monitoramento, é possível cotar preços com diferentes fornecedores e comparar as propostas, buscando as melhores condições de preço e prazo de entrega.

5. **Integração com Fornecedores**: Integre o sistema de monitoramento com os fornecedores de confiança, possibilitando a visualização das informações em tempo real para ambos os lados. Isso ajuda a melhorar a comunicação e a eficiência na reposição de estoques.

6. **Negociação com Fornecedores**: Utilize os dados do sistema de monitoramento para embasar a negociação com os fornecedores, buscando obter melhores preços, prazos e condições de pagamento.

7. **Previsão de Compras**: Com base nas informações de demanda e estoque, faça uma previsão das compras necessárias para o período estabelecido, considerando também as variações sazonais e tendências do mercado.

8. **Planejamento de Compras por Lote**: Considere agrupar as

compras em lotes maiores para obter descontos e reduzir os custos de transporte.

9. **Acompanhamento Contínuo**: Monitore constantemente o desempenho das compras e ajuste o planejamento conforme necessário para garantir que a empresa esteja sempre bem abastecida e com custos controlados.

10. **Gerenciamento de Riscos**: Utilize o sistema de monitoramento para identificar possíveis riscos na cadeia de suprimentos, como atrasos na entrega ou problemas com fornecedores, e tome medidas para mitigar esses riscos.

Com um sistema de monitoramento adequado, o planejamento de compras se torna mais estratégico, ágil e eficiente, permitindo que a empresa mantenha o estoque adequado, evite faltas e excessos, negocie melhores condições com os fornecedores e reduza os custos operacionais. Além disso, a tomada de decisões passa a ser mais embasada em dados e informações concretas, contribuindo para o crescimento e sucesso do negócio.

Identificação de produtos obsoletos:

Um sistema de monitoramento pode contribuir significativamente na identificação de produtos obsoletos dentro do estoque de uma empresa. Através da análise contínua dos dados do estoque, o sistema pode identificar itens que estão com baixa ou nenhuma saída, ou que estejam há muito tempo sem serem vendidos. A seguir, são apresentadas algumas maneiras pelas quais um sistema de monitoramento pode auxiliar na identificação de produtos obsoletos:

1. **Análise de Vendas**: O sistema pode fornecer relatórios e

gráficos que mostram a evolução das vendas de cada produto ao longo do tempo. Dessa forma, é possível identificar quais produtos estão com demanda em declínio e que podem estar se tornando obsoletos.

2. **Estoque Parado**: O sistema de monitoramento pode rastrear produtos que estão há muito tempo no estoque sem serem vendidos. Itens com prazos de validade próximos do vencimento ou com baixa saída podem ser identificados e tratados adequadamente.

3. **Giro de Estoque**: O cálculo do giro de estoque é facilitado pelo sistema de monitoramento. Produtos com giro muito baixo ou inexistente podem indicar obsolescência e a necessidade de uma ação.

4. **Histórico de Compras**: O sistema pode rastrear o histórico de compras de cada produto, auxiliando na identificação de itens que foram adquiridos em grande quantidade em um período, mas que não tiveram boa saída.

5. **Alertas de Produtos em Risco**: Com base nos critérios estabelecidos pela empresa, o sistema pode enviar alertas para a equipe responsável sempre que um produto atingir um determinado nível de estoque ou permanecer muito tempo sem movimentação.

6. **Relatórios de Obsolescência**: O sistema pode gerar relatórios específicos com a lista de produtos que estão em situação de obsolescência. Esses relatórios podem ser usados para a tomada de decisões estratégicas, como a realização de promoções ou a retirada de produtos do estoque.

7. **Análise de Tendências**: O sistema pode utilizar dados

históricos e tendências de mercado para prever quais produtos podem se tornar obsoletos em um futuro próximo.

A identificação de produtos obsoletos é fundamental para o bom gerenciamento do estoque, evitando a ocupação desnecessária de espaço, reduzindo custos de armazenamento e possibilitando uma gestão mais eficiente dos recursos da empresa. Com o auxílio de um sistema de monitoramento, é possível obter informações precisas e em tempo real sobre o estoque, permitindo que a empresa tome decisões mais rápidas e embasadas para evitar perdas e maximizar a rentabilidade do negócio.

Análise de desempenho:

A análise de desempenho pelo sistema de monitoramento é uma prática essencial para empresas que desejam acompanhar e avaliar o desempenho de diferentes áreas do negócio. Com a utilização de um sistema de monitoramento adequado, é possível coletar e analisar dados em tempo real, fornecendo informações valiosas para a tomada de decisões estratégicas e operacionais.

A seguir, destacam-se algumas das principais formas como o sistema de monitoramento pode contribuir para a análise de desempenho:

1. **Indicadores de Desempenho (KPIs)**: O sistema de monitoramento pode ser configurado para rastrear indicadores de desempenho relevantes para cada área da empresa. Por exemplo, em vendas, pode-se acompanhar o faturamento, o número de vendas realizadas, a taxa de conversão, entre outros. Esses KPIs permitem uma avaliação objetiva do desempenho de cada área e o monitoramento contínuo do progresso em relação

às metas estabelecidas.

2. **Dashboards Gerenciais**: Os dashboards gerenciais são painéis de controle que apresentam informações chave de forma visual e intuitiva. Com o sistema de monitoramento, é possível criar dashboards personalizados para cada setor da empresa, fornecendo uma visão geral do desempenho e permitindo que gestores e colaboradores tomem decisões mais informadas.

3. **Análise de Vendas e Comportamento do Cliente**: O sistema de monitoramento pode rastrear informações sobre o comportamento do cliente, como preferências de compra, histórico de compras, entre outros. Esses dados podem ser analisados para identificar padrões e tendências, possibilitando melhorias no atendimento ao cliente e nas estratégias de vendas.

4. **Acompanhamento de Metas e Objetivos**: Com o sistema de monitoramento, é possível estabelecer metas e objetivos claros para cada área da empresa. Através da análise dos dados, é possível acompanhar o progresso em relação a essas metas e identificar áreas que precisam de ajustes para alcançá-las.

5. **Identificação de Oportunidades e Problemas**: O sistema de monitoramento pode ajudar a identificar oportunidades de melhoria e problemas que precisam ser solucionados. Por exemplo, pode ser identificado um produto com alta demanda que está com estoque baixo ou gargalos em um processo que está impactando a produtividade.

6. **Avaliação de Eficiência Operacional**: Com o sistema de monitoramento, é possível avaliar a eficiência operacional de diferentes processos da empresa. Através da análise dos dados, podem ser identificadas oportunidades de otimização e redução de custos.

7. **Previsão de Demanda e Planejamento**: Com base nos dados do sistema de monitoramento, é possível realizar previsões de demanda mais precisas, auxiliando na elaboração de um planejamento estratégico mais eficiente.

Em resumo, o sistema de monitoramento permite que a empresa tenha uma visão mais clara e detalhada do seu desempenho, possibilitando a identificação de pontos fortes, oportunidades de melhoria e desafios a serem enfrentados. Essa análise contínua e baseada em dados é essencial para uma gestão eficaz e para o alcance dos objetivos organizacionais.

Integração com outras áreas:

A integração com outras áreas por meio do sistema de monitoramento é uma estratégia fundamental para o sucesso de uma empresa. A utilização de um sistema de monitoramento integrado permite que diferentes departamentos compartilhem informações em tempo real, promovendo uma comunicação mais eficiente e tomada de decisões mais embasadas. Abaixo estão algumas das principais formas como a integração com outras áreas pode ser feita por meio do sistema de monitoramento:

1. **Integração entre Vendas e Estoque**: O sistema de monitoramento pode permitir que as informações de vendas sejam sincronizadas com o controle de estoque. Isso ajuda a garantir que o estoque seja atualizado automaticamente após cada venda, evitando problemas de falta ou excesso de produtos.

2. **Integração entre Compras e Fornecedores**: O sistema de monitoramento pode auxiliar na comunicação com fornecedores e no controle de prazos de entrega. Dessa forma,

é possível acompanhar o status das compras e garantir que os produtos sejam entregues no prazo estabelecido.

3. **Integração entre Produção e Estoques**: Para empresas que possuem produção interna, o sistema de monitoramento pode integrar a produção com o estoque, permitindo um controle mais eficiente da matéria-prima e produtos acabados.

4. **Integração Financeira**: Através do sistema de monitoramento, é possível integrar informações financeiras, como faturamento, custos e despesas, proporcionando uma visão completa da situação financeira da empresa.

5. **Integração entre Marketing e Vendas**: O sistema de monitoramento pode facilitar a troca de informações entre as equipes de marketing e vendas, permitindo uma melhor compreensão das necessidades do mercado e otimizando as estratégias de vendas.

6. **Integração com Recursos Humanos**: O sistema de monitoramento pode ser usado para acompanhar o desempenho dos colaboradores, avaliar o cumprimento de metas individuais e coletivas, bem como para gerir treinamentos e desenvolvimento profissional.

7. **Integração com Qualidade e Controle de Processos**: O sistema de monitoramento pode ser utilizado para rastrear e analisar dados relacionados à qualidade dos produtos e processos da empresa, permitindo a identificação de oportunidades de melhoria.

A integração das diferentes áreas por meio do sistema de monitoramento é essencial para o alinhamento dos objetivos organizacionais, a melhoria da eficiência operacional e a tomada de decisões mais assertivas. Quando as informações são compartilhadas de forma transparente e em tempo real, a empresa ganha em agilidade e capacidade de resposta, tornando-se mais competitiva no mercado. Além disso, a integração ajuda a evitar a duplicação de esforços e a melhorar a colaboração entre os diferentes departamentos, resultando em um funcionamento mais harmonioso e eficaz da organização como um todo.

- Instruções de armazenamento:

Localização:

A localização e instruções de armazenamento dos produtos no estoque são aspectos fundamentais para garantir uma gestão eficiente e organizada. A seguir, são apresentadas algumas orientações para a correta localização e armazenamento dos itens:

1. **Organização por Categorias**: Classifique os produtos em categorias ou grupos semelhantes, como por tipo, tamanho, marca, entre outros critérios relevantes para o seu negócio. Isso facilita a busca e a identificação dos itens, além de otimizar o espaço no estoque.

2. **Identificação dos Produtos**: Utilize etiquetas ou códigos de barras para identificar cada item no estoque. As etiquetas devem conter informações como descrição do produto, código, número de lote (caso aplicável), data de validade, entre outros dados relevantes.

3. **Sistema de Armazenamento**: Defina um sistema de armazenamento padronizado, de acordo com as características

dos produtos. Algumas opções incluem prateleiras, paletes, gavetas, estantes, entre outros. O sistema deve permitir fácil acesso aos itens e garantir que eles estejam protegidos contra danos.

4. **Estoque em Altura**: Aproveite a altura do estoque para utilizar o espaço verticalmente. Isso é especialmente importante em armazéns com pé-direito alto. Utilize escadas ou empilhadeiras para acessar os itens mais altos com segurança.

5. **Rotação dos Produtos**: Implemente o princípio FIFO (First-In, First-Out) para garantir que os produtos mais antigos sejam utilizados primeiro, evitando a obsolescência e o desperdício.

6. **Produtos Sensíveis**: Caso tenha produtos que requerem cuidados especiais de armazenamento, como temperatura controlada ou proteção contra umidade, assegure-se de que essas condições sejam atendidas.

7. **Peso e Capacidade das Prateleiras**: Verifique a capacidade de carga das prateleiras e certifique-se de que elas sejam adequadas para os produtos armazenados. Evite sobrecarregar as prateleiras, o que pode levar a acidentes e danos aos produtos.

8. **Espaço de Circulação**: Garanta que haja espaço suficiente para circulação de funcionários, equipamentos e empilhadeiras no estoque. Corredores estreitos podem dificultar a movimentação e aumentar o risco de danos aos produtos.

9. **Segurança**: Implemente medidas de segurança no estoque, como sistemas de vigilância, controle de acesso e sinalização de áreas perigosas.

10. **Registro e Controle**: Mantenha um registro detalhado de

todos os itens no estoque, suas localizações, quantidades e datas de entrada e saída. Utilize um sistema de controle de estoque, seja por meio de planilhas ou um software especializado.

Lembre-se de que a localização e instruções de armazenamento adequadas podem impactar diretamente na produtividade, no controle de estoque e na satisfação do cliente. Manter o estoque organizado e bem gerenciado é essencial para garantir o sucesso das operações logísticas da empresa.

Empilhamento:

O armazenamento por empilhamento é uma técnica comum utilizada em estoques e armazéns para otimizar o espaço disponível e facilitar o acesso aos produtos. No entanto, é importante seguir algumas instruções para garantir a segurança dos colaboradores e evitar danos aos produtos. Abaixo estão algumas orientações para o armazenamento por empilhamento:

1. **Distribuição Uniforme**: Certifique-se de que os itens sejam distribuídos uniformemente em cada camada de empilhamento. Evite concentrar muito peso em apenas um lado, o que pode levar ao desequilíbrio da pilha.

2. **Estabilidade**: Garanta que a base da pilha seja estável e nivelada. O solo ou piso deve ser firme, limpo e resistente o suficiente para suportar o peso dos produtos empilhados.

3. **Altura Máxima**: Respeite a altura máxima recomendada para empilhamento, conforme especificado pelos fabricantes dos produtos. Evite empilhar itens acima dessa altura, pois isso pode comprometer a estabilidade da pilha.

4. **Produtos Pesados em Baixo**: Coloque os produtos mais

pesados na base da pilha e os mais leves no topo. Isso ajudará a equilibrar a carga e evitará que os itens mais leves sejam esmagados pelos mais pesados.

5. **Produtos Frágeis**: Tome cuidado ao empilhar produtos frágeis, como vidros ou objetos quebráveis. Use materiais de proteção, como placas de isopor ou embalagens adicionais, para evitar danos.

6. **Cargas Homogêneas**: Tente empilhar produtos que tenham formatos e tamanhos semelhantes, isso facilitará o empilhamento e evitará espaços vazios.

7. **Sinalização**: Utilize sinalização adequada para indicar áreas de empilhamento, alertar sobre a altura máxima permitida e fornecer instruções de segurança aos funcionários.

8. **Inspeção Regular**: Realize inspeções regulares nas pilhas de produtos para verificar a estabilidade e a integridade dos itens. Faça ajustes quando necessário.

9. **Empilhadeiras e Equipamentos**: Se utilizar empilhadeiras ou outros equipamentos para fazer o empilhamento, certifique-se de que os operadores sejam devidamente treinados e sigam as normas de segurança.

10. **Cuidado com a Movimentação**: Tome cuidado ao mover as pilhas de produtos. Movimente-os suavemente para evitar deslizamentos ou tombamentos.

Lembre-se de que o armazenamento por empilhamento deve ser feito com responsabilidade e seguindo as boas práticas de segurança. É fundamental que os colaboradores sejam devidamente treinados e conscientizados sobre os procedimentos adequados para evitar acidentes e danos aos produtos.

Temperatura e Umidade:

As condições de temperatura e umidade são fatores críticos para o armazenamento adequado de certos produtos, especialmente aqueles sensíveis a variações ambientais. Dependendo do tipo de mercadoria, é necessário garantir um ambiente controlado para preservar a qualidade e a integridade dos itens estocados. Abaixo estão algumas orientações sobre como considerar a temperatura e a umidade nas instruções de armazenamento:

1. **Identificação dos Produtos Sensíveis**: Primeiramente, identifique quais produtos em seu estoque são sensíveis à temperatura e umidade. Isso pode incluir itens como medicamentos, alimentos perecíveis, produtos eletrônicos, cosméticos, materiais fotossensíveis, entre outros.

2. **Armazenamento em Local Adequado**: Separe uma área específica dentro do estoque ou armazém para acomodar os produtos sensíveis. Essa área deve ser equipada com controle de temperatura e umidade, se necessário.

3. **Siga as Recomendações dos Fabricantes**: Consulte as informações fornecidas pelos fabricantes dos produtos. Eles costumam especificar as condições ideais de armazenamento, como intervalo de temperatura e níveis de umidade recomendados.

4. **Registre as Condições de Armazenamento**: Mantenha registros detalhados das condições de temperatura e umidade na área de armazenamento. Isso permitirá que você verifique se as condições estão dentro dos parâmetros estabelecidos.

5. **Monitoramento Contínuo**: Utilize dispositivos de monitoramento para acompanhar constantemente a temperatura e a umidade na área de armazenamento. Isso ajudará a identificar qualquer desvio e tomar medidas corretivas rapidamente.

6. **Controle de Climatização**: Utilize sistemas de climatização, como ar condicionado ou desumidificadores, para manter a temperatura e a umidade dentro dos limites desejados.

7. **Embale Adequadamente**: Em alguns casos, embalar os produtos de forma adequada pode ajudar a protegê-los de influências ambientais indesejadas. Use materiais de embalagem apropriados para cada tipo de item.

8. **Gerenciamento de Estoques com Prazo de Validade**: Para produtos com prazo de validade, organize o estoque de forma a garantir a saída dos itens mais antigos primeiro, evitando perdas por vencimento.

9. **Treinamento da Equipe**: Treine os colaboradores responsáveis pelo armazenamento para que eles entendam a importância do controle de temperatura e umidade e saibam como agir em situações específicas.

10. **Medidas de Contingência**: Tenha um plano de ação para casos de falhas nos sistemas de controle de temperatura e umidade. Isso pode envolver a transferência rápida dos produtos para uma área alternativa ou a comunicação com fornecedores e clientes sobre possíveis impactos.

Ao seguir essas orientações, você poderá garantir que os produtos sensíveis em seu estoque sejam mantidos em condições ideais, reduzindo perdas e garantindo a satisfação do cliente. Lembre-se de que cada tipo de produto pode ter requisitos específicos, portanto, adaptar as condições de armazenamento a cada caso é fundamental.

Peso Máximo por Prateleira:

Determinar o peso máximo por prateleira é fundamental para garantir a segurança dos colaboradores, dos produtos estocados e a integridade das estruturas de armazenamento. O limite de peso suportado por cada prateleira deve ser claramente definido e respeitado para evitar acidentes, colapsos ou danos aos produtos. Abaixo estão algumas instruções para determinar o peso máximo por prateleira no armazenamento:

1. **Consulte as Especificações do Fabricante**: Verifique as especificações e recomendações do fabricante das prateleiras ou racks de armazenamento. Eles costumam fornecer informações sobre a capacidade máxima de carga por prateleira.

2. **Verifique a Capacidade das Estruturas**: Certifique-se de que as estruturas de armazenamento (prateleiras, racks, estantes) estejam em boas condições e dimensionadas corretamente para suportar o peso pretendido. Caso necessário, consulte um engenheiro para garantir a segurança das instalações.

3. **Considere a Distribuição do Peso**: Distribua o peso uniformemente ao longo da prateleira, evitando concentrar cargas pesadas em apenas um ponto. Isso ajudará a manter a estabilidade e o equilíbrio das estruturas.

4. **Verifique a Resistência dos Materiais**: Utilize materiais de alta resistência e qualidade para a construção das prateleiras. O uso de materiais adequados é essencial para suportar cargas

pesadas com segurança.

5. **Etiquetas de Carga**: Coloque etiquetas ou sinalizações visíveis nas prateleiras indicando o peso máximo permitido. Isso garantirá que os colaboradores estejam cientes das restrições de peso.

6. **Treinamento dos Colaboradores**: Treine os colaboradores envolvidos no manuseio e armazenamento de produtos para que eles entendam a importância de respeitar o peso máximo por prateleira e as consequências de exceder esse limite.

7. **Não Sobrecarregue**: Evite sobrecarregar as prateleiras, mesmo que aparentemente elas possam suportar mais peso. Respeitar o limite estabelecido é crucial para a segurança.

8. **Monitoramento Regular**: Realize inspeções regulares nas prateleiras para garantir que não haja sinais de desgaste, danos ou deformações que possam afetar sua capacidade de suportar a carga máxima.

9. **Reorganização do Estoque**: Periodicamente, reorganize o estoque para distribuir o peso de forma mais equilibrada nas prateleiras, conforme as demandas do negócio.

10. **Consideração de Fatores Externos**: Leve em conta outros fatores que possam influenciar o peso nas prateleiras, como a presença de equipamentos adicionais, embalagens e dispositivos de movimentação.

Ao seguir essas instruções, você poderá garantir que o armazenamento seja seguro e eficiente, reduzindo o risco de acidentes e garantindo a preservação dos produtos estocados. Lembre-se de que a segurança é fundamental em qualquer operação de armazenamento, e o cumprimento dos limites de peso é uma parte essencial desse processo.

Manuseio Adequado:

As instruções de armazenamento incluem o manuseio adequado dos produtos estocados para garantir sua integridade e evitar danos durante o processo de armazenagem. Aqui estão algumas orientações para o manuseio adequado dos itens no armazenamento:

1. **Treinamento da Equipe**: Treine os colaboradores responsáveis pelo manuseio de produtos para que eles conheçam as melhores práticas de manuseio e estejam cientes dos cuidados específicos para cada tipo de mercadoria.

2. **Embale Adequadamente**: Utilize embalagens adequadas e resistentes para proteger os produtos durante o manuseio e armazenamento. As embalagens devem ser capazes de suportar as condições do ambiente e os movimentos necessários.

3. **Ergonomia**: Instrua os colaboradores sobre a importância da ergonomia no manuseio de cargas. Ensine técnicas corretas de levantamento e carregamento para evitar lesões e problemas de saúde ocupacional.

4. **Equipamentos de Movimentação**: Utilize equipamentos apropriados, como carrinhos, paleteiras e empilhadeiras, para movimentar produtos pesados e volumosos. Verifique regularmente a manutenção desses equipamentos.

5. **Organização do Espaço**: Organize o espaço de armazenamento de forma a facilitar o acesso aos produtos e minimizar a necessidade de manuseio excessivo.

6. **Identificação dos Produtos**: Rotule ou identifique claramente os produtos com informações relevantes, como nome, código, lote, validade e outras características importantes.

7. **Peso Adequado por Embalagem**: Evite embalar caixas ou pacotes com peso excessivo, pois isso pode dificultar o manuseio e aumentar o risco de danos.

8. **Empilhamento Correto**: Se for necessário empilhar produtos, certifique-se de seguir as recomendações do fabricante e manter uma distribuição uniforme do peso.

9. **Proteção contra Danos**: Evite o contato direto entre produtos que possam causar danos, como arranhões ou quebras. Utilize materiais de proteção quando apropriado.

10. **Cuidado com Produtos Frágeis**: Produtos frágeis devem ser manuseados com cuidado extra. Considere utilizar materiais de amortecimento ou embalagens especiais para protegê-los adequadamente.

11. **Cuidado com Produtos Perigosos**: Para produtos perigosos ou químicos, siga as normas de segurança e manuseio estabelecidas pelas autoridades reguladoras.

12. **Inspeção Visual**: Faça inspeções visuais periódicas dos produtos para identificar danos ou problemas de armazenamento que possam afetar a qualidade dos itens.

13. **Estoque em Rotação**: Organize o estoque de forma que os itens mais antigos sejam utilizados primeiro (sistema FIFO - First In, First Out), garantindo a rotação adequada dos produtos

e evitando a obsolescência.

14. **Cuidado com a Umidade**: Proteja os produtos sensíveis à umidade para evitar danos causados por condições ambientais adversas.

Ao seguir essas instruções de manuseio adequado, você estará contribuindo para a preservação da qualidade dos produtos estocados, garantindo a segurança da equipe e reduzindo perdas e danos durante o processo de armazenamento.

Controle de Validade:

O controle de validade é fundamental para garantir que os produtos armazenados sejam consumidos ou utilizados dentro do prazo de validade, evitando o desperdício e garantindo a qualidade e segurança dos itens. Aqui estão algumas instruções para implementar um eficiente controle de validade no armazenamento:

1. **Registro de Datas de Entrada**: Registre as datas de entrada de todos os produtos no estoque. Isso permitirá o monitoramento preciso do tempo de armazenamento de cada item.

2. **Organização por Data de Validade**: Organize os produtos no estoque de forma que os itens com validades mais próximas do vencimento fiquem na frente, facilitando o consumo ou utilização dos produtos mais antigos primeiro (sistema FIFO - First In, First Out).

3. **Etiquetas de Validade**: Utilize etiquetas ou rótulos com as datas de validade de forma visível nas embalagens ou prateleiras, permitindo uma rápida identificação dos produtos a

serem consumidos primeiro.

4. **Inspeção Regular**: Realize inspeções periódicas para verificar a data de validade dos produtos armazenados. Identifique e remova os itens que estão próximos do vencimento.

5. **Comunicação com a Equipe**: Mantenha toda a equipe devidamente informada sobre a importância do controle de validade e como seguir corretamente as instruções para garantir a utilização dos produtos dentro do prazo adequado.

6. **Avaliação de Estoque**: Periodicamente, avalie o nível de estoque para evitar acúmulos excessivos de produtos com prazos de validade curtos.

7. **Controle de Movimentação**: Verifique se os produtos próximos ao vencimento estão sendo movimentados de acordo com o sistema FIFO, evitando que fiquem esquecidos no estoque.

8. **Descarte Adequado**: Produtos que estejam fora do prazo de validade devem ser corretamente descartados de acordo com as regulamentações locais e normas ambientais.

9. **Treinamento da Equipe**: Treine os colaboradores para identificar e agir prontamente em relação aos produtos próximos ao vencimento, garantindo o correto descarte ou utilização dentro do prazo.

10. **Integração com Fornecedores**: Mantenha um relacionamento próximo com os fornecedores para garantir o recebimento de produtos com prazos de validade adequados.

O controle de validade é essencial para evitar prejuízos financeiros causados por produtos vencidos, bem como proteger a saúde dos consumidores. Implementar um sistema eficiente de controle de validade no armazenamento garante que os produtos sejam utilizados no auge da qualidade e evita problemas relacionados a produtos fora do prazo de consumo.

Acesso Restrito:

As instruções de armazenamento com acesso restrito se referem a produtos ou materiais que requerem controle e limitação de acesso devido a sua natureza, valor, segurança, ou regulamentações específicas. Essas instruções são fundamentais para garantir a integridade e a segurança desses itens. Aqui estão algumas orientações para implementar o acesso restrito no armazenamento:

1. **Identificação dos Itens**: Identifique claramente os produtos ou materiais que requerem acesso restrito por meio de etiquetas, códigos ou rótulos específicos.

2. **Área Exclusiva**: Destine uma área específica do armazém para o armazenamento dos itens de acesso restrito. Essa área deve ser separada e protegida para evitar acesso não autorizado.

3. **Controle de Chaves ou Senhas**: Limite o acesso à área restrita por meio do controle de chaves, cartões de acesso ou senhas. Apenas colaboradores autorizados devem ter permissão para entrar nesse espaço.

4. **Registro de Acesso**: Mantenha um registro detalhado das pessoas que acessam a área restrita, incluindo data e horário de entrada e saída.

5. **Treinamento da Equipe**: Treine os colaboradores sobre a importância do acesso restrito e as medidas de segurança para garantir o controle adequado dos itens.

6. **Restrição de Pessoal**: Restrinja o acesso somente a funcionários designados e treinados para manusear ou utilizar os produtos de acesso restrito.

7. **Monitoramento por Câmeras**: Instale câmeras de segurança na área restrita para monitorar e registrar atividades.

8. **Proteção Contra Roubo e Danos**: Garanta que a área restrita tenha medidas adicionais de segurança para prevenir roubo ou danos aos produtos.

9. **Registro de Saídas**: Registre todas as saídas dos produtos da área restrita, identificando quem retirou, data e motivo.

10. **Auditorias Regulares**: Realize auditorias periódicas para garantir a conformidade com as políticas de acesso restrito e identificar qualquer desvio.

11. **Comunicação Clara**: Comunique claramente a política de acesso restrito a todos os colaboradores envolvidos, reforçando a importância do cumprimento dessas diretrizes.

12. **Integração com Fornecedores**: Certifique-se de que os fornecedores estejam cientes da necessidade de acesso restrito para determinados produtos e materiais, garantindo que essas orientações também sejam seguidas por eles.

O acesso restrito é uma medida essencial para garantir a

segurança e a conformidade com regulamentações específicas para determinados produtos ou materiais. Implementar essas orientações de forma efetiva ajudará a proteger os itens armazenados, prevenir riscos e garantir a conformidade com as políticas e normas estabelecidas.

Etiquetagem:

A etiquetagem adequada no armazenamento é crucial para garantir a identificação correta dos produtos, facilitar o controle de estoque e garantir a movimentação e utilização adequada dos itens. Abaixo estão algumas orientações para a etiquetagem eficiente no armazenamento:

1. **Informações Essenciais**: Cada etiqueta deve conter informações essenciais sobre o produto, como nome, descrição, código de barras, número de lote, data de validade, quantidade e outras informações relevantes.

2. **Legibilidade**: As etiquetas devem ser legíveis e de fácil leitura. Utilize fontes claras e adequadas ao tamanho da etiqueta.

3. **Durabilidade**: As etiquetas devem ser resistentes e duráveis, capazes de suportar as condições do ambiente de armazenamento, como variações de temperatura, umidade e exposição à luz.

4. **Cores e Símbolos**: Utilize cores e símbolos para facilitar a identificação rápida de diferentes produtos, prioridades ou status.

5. **Padronização**: Mantenha um padrão de etiquetagem em todo o armazém para garantir a consistência e evitar confusões.

6. **Localização**: Posicione as etiquetas em locais de fácil visualização nas embalagens ou prateleiras, permitindo uma rápida identificação dos produtos.

7. **Etiquetas Ajustáveis**: Utilize etiquetas ajustáveis ou removíveis quando a informação puder ser alterada, como em produtos em movimentação ou com validades próximas.

8. **Etiquetas Adicionais**: Quando necessário, acrescente etiquetas adicionais para informações específicas, como orientações de manuseio, instruções especiais ou alertas de segurança.

9. **Codificação por Cores**: Utilize cores específicas para categorizar diferentes tipos de produtos ou identificar níveis de prioridade.

10. **Sistema de Código de Barras**: Implemente um sistema de código de barras para agilizar o registro e rastreamento de produtos no sistema de gerenciamento de estoque.

11. **Revisão Regular**: Realize revisões periódicas das etiquetas para garantir que as informações estejam atualizadas e corretas.

12. **Treinamento da Equipe**: Treine os colaboradores sobre a importância da etiquetagem adequada e como interpretar as informações nas etiquetas.

A etiquetagem eficiente no armazenamento ajuda a evitar erros, melhorar a precisão do inventário, facilitar a localização de produtos e garantir que os itens sejam manuseados e utilizados de forma correta. Uma etiquetagem adequada também contribui para o aumento da eficiência operacional e redução de erros no processo logístico.

Cuidados Especiais:

Instruções de armazenamento com cuidados especiais são essenciais para garantir que certos produtos ou materiais sejam acondicionados de forma adequada, evitando danos, deterioração ou riscos à saúde e segurança. Aqui estão algumas diretrizes para incluir em instruções de armazenamento com cuidados especiais:

1. **Temperatura Controlada**: Para produtos que exigem temperatura controlada, especifique as faixas de temperatura permitidas para armazenamento, bem como as medidas para monitorar e manter a temperatura adequada.

2. **Umidade e Ambiente Seco**: Se o produto for sensível à umidade, indique a necessidade de armazenamento em ambiente seco e/ou utilize embalagens que protejam contra a umidade.

3. **Proteção Contra Luz Solar**: Produtos sensíveis à luz solar devem ser armazenados em local protegido da exposição direta à luz do sol.

4. **Ventilação Adequada**: Certos produtos podem requerer ventilação adequada para evitar a acumulação de gases ou odores.

5. **Produtos Inflamáveis**: Para produtos inflamáveis, especifique os requisitos de armazenamento seguro, como distância mínima de fontes de calor e a necessidade de armazenamento em locais adequados para produtos inflamáveis.

6. **Isolamento de Substâncias Perigosas**: Caso haja materiais perigosos, é fundamental que sejam armazenados separadamente e em conformidade com as normas de segurança aplicáveis.

7. **Prateleiras e Suportes Adequados**: Indique o tipo de prateleira ou suporte adequado para o armazenamento de cada produto, evitando danos e garantindo a estabilidade.

8. **Peso Máximo Permitido**: Para evitar sobrecarga e acidentes, informe o peso máximo permitido por prateleira ou local de armazenamento.

9. **Prazo de Validade**: Mantenha um controle rigoroso sobre os prazos de validade dos produtos e instrua a equipe sobre a utilização dos itens mais antigos primeiro (FIFO - First In, First Out).

10. **Manuseio Adequado**: Instrua a equipe sobre como manusear os produtos com cuidado para evitar danos e contaminações.

11. **Controle de Pragas**: Em ambientes sensíveis a pragas, implemente medidas de controle para evitar a contaminação dos produtos.

12. **Rotulagem de Substâncias Perigosas**: Se houver produtos químicos perigosos, certifique-se de que estejam devidamente rotulados com símbolos e informações de risco.

13. **Instruções de Primeiros Socorros**: Inclua informações sobre os procedimentos de primeiros socorros em caso de acidentes com os produtos.

É importante que as instruções de armazenamento com cuidados especiais sejam claras, de fácil acesso para os colaboradores e que a equipe seja treinada para segui-las adequadamente. O cumprimento dessas orientações ajudará a evitar danos, prevenir riscos à saúde e garantir que os produtos ou materiais sejam armazenados de forma segura e adequada.

Segurança:

As instruções de armazenamento com foco na segurança são fundamentais para garantir a integridade dos produtos, proteger a saúde dos colaboradores e prevenir acidentes. Aqui estão algumas orientações para incluir nas instruções de armazenamento com ênfase na segurança:

1. **Manuseio Seguro**: Instrua os colaboradores sobre a forma correta de manusear os produtos, evitando movimentos bruscos e utilizando equipamentos de proteção individual (EPIs) adequados quando necessário.

2. **Armazenamento em Locais Designados**: Especifique os locais designados para armazenar cada tipo de produto, evitando a ocupação de áreas de circulação e saídas de emergência.

3. **Produtos Perigosos**: Para materiais perigosos, indique os cuidados adicionais que devem ser tomados, como o uso de sinalização adequada, manipulação em locais ventilados e distância de fontes de calor.

4. **Prevenção de Quedas**: Garanta que os produtos estejam armazenados de forma segura nas prateleiras, evitando quedas e acidentes.

5. **Instruções de Emergência**: Forneça instruções claras sobre como agir em situações de emergência, incluindo vazamentos, derramamentos ou incêndios.

6. **Produtos Inflamáveis**: Para produtos inflamáveis, estabeleça as medidas de prevenção e controle de incêndios, como o uso de extintores e o treinamento da equipe em combate ao fogo.

7. **Equipamentos de Proteção**: Certifique-se de que os equipamentos de segurança, como extintores, sistemas de alarme e saídas de emergência, estejam devidamente instalados e em boas condições.

8. **Limpeza e Organização**: Incentive a limpeza e organização do espaço de armazenamento para evitar acúmulos de materiais e diminuir os riscos de acidentes.

9. **Treinamento da Equipe**: Treine os colaboradores sobre as práticas seguras de armazenamento e os procedimentos a serem seguidos em caso de situações de risco.

10. **Sinalização de Perigos**: Utilize sinalização adequada para identificar áreas com produtos perigosos e indicar cuidados específicos.

11. **Regras de Acesso**: Estabeleça regras claras para o acesso ao armazém, restringindo o acesso a pessoas não autorizadas.

12. **Ergonomia**: Instrua os colaboradores sobre boas práticas ergonômicas no manuseio de produtos pesados ou de difícil acesso.

13. **Inspeções Regulares**: Realize inspeções periódicas no espaço de armazenamento para identificar e corrigir eventuais riscos de segurança.

As instruções de armazenamento com foco na segurança são fundamentais para garantir um ambiente de trabalho seguro e protegido, minimizando riscos de acidentes, prejuízos e danos à saúde dos colaboradores. É importante que os colaboradores estejam cientes das práticas seguras e que a empresa promova uma cultura de segurança no local de trabalho.

- Setorização do estoque:

Melhor organização:

A setorização do estoque é uma técnica de organização que divide o espaço de armazenamento em diferentes áreas ou setores, cada um destinado a um tipo específico de produto. Essa estratégia tem como objetivo melhorar a eficiência, a produtividade e a precisão no controle de estoque. Aqui estão algumas vantagens de melhor organização por meio da setorização do estoque:

1. **Facilidade de Localização:** Ao dividir o estoque em setores, fica mais fácil encontrar produtos específicos, reduzindo o tempo de busca e agilizando o processo de separação de pedidos.

2. **Redução de Erros:** A setorização evita a mistura de produtos diferentes em um mesmo espaço, reduzindo as chances de erros na separação de pedidos e na contagem de estoque.

3. **Controle de Validade:** A separação por setores permite uma gestão mais eficiente da validade dos produtos, evitando que itens com prazo de validade próximo ao vencimento fiquem esquecidos no estoque.

4. **Controle de Estoques Parados:** Com a setorização, é mais fácil identificar produtos com baixo giro ou estoques parados, possibilitando a adoção de medidas para reduzir desperdícios.

5. **Melhoria no Fluxo de Trabalho:** A organização por setores facilita o fluxo de trabalho da equipe, proporcionando um ambiente mais ordenado e produtivo.

6. **Otimize o Espaço:** A setorização permite uma melhor utilização do espaço disponível, garantindo que cada setor seja dimensionado conforme a demanda e a quantidade de produtos.

7. **Facilidade de Controle de Inventário:** Com o estoque dividido em setores, o controle de inventário torna-se mais prático, possibilitando a realização de contagens cíclicas e atualizações mais frequentes.

8. **Prevenção de Danos:** Ao separar produtos de diferentes características e tamanhos, evita-se o empilhamento inadequado e, consequentemente, reduz-se o risco de danos aos produtos.

9. **Economia de Tempo e Recursos:** A setorização otimiza a movimentação de produtos e reduz a necessidade de retrabalho, o que contribui para a economia de tempo e recursos.

10. **Melhoria na Distribuição:** Quando o estoque está bem setorizado, é possível organizar os produtos de forma a facilitar a

distribuição para diferentes clientes ou áreas.

A setorização do estoque pode ser implementada de acordo com as características dos produtos, a demanda da empresa e o espaço físico disponível. É importante planejar cuidadosamente a distribuição dos produtos em cada setor e garantir que toda a equipe esteja familiarizada com o novo arranjo para colher os benefícios dessa melhor organização.

Agilidade no Atendimento:

A setorização do estoque pode proporcionar agilidade no atendimento de pedidos e na gestão dos produtos armazenados. Ao dividir o estoque em setores, cada um destinado a um tipo específico de produto, é possível otimizar o processo de separação e organização, o que resulta em diversos benefícios para a agilidade no atendimento, tais como:

1. **Rapidez na Localização:** Com o estoque setorizado, os colaboradores conseguem localizar os produtos de forma mais rápida e eficiente, reduzindo o tempo de busca e agilizando o atendimento de pedidos.

2. **Facilidade na Separação de Pedidos:** A organização por setores facilita a separação dos itens de um pedido, permitindo que os colaboradores acessem os produtos necessários em um mesmo local.

3. **Redução de Erros:** Ao evitar a mistura de produtos em um mesmo espaço, a setorização ajuda a reduzir erros de separação, minimizando a possibilidade de enviar produtos errados aos clientes.

4. **Aumento da Produtividade:** Com uma organização mais

eficiente, os colaboradores podem realizar suas atividades de forma mais ágil e produtiva, aumentando a capacidade de atendimento.

5. **Gestão de Estoque Simplificada:** A setorização facilita o controle do estoque, permitindo que a equipe realize contagens cíclicas e atualizações mais frequentes, garantindo a precisão dos dados.

6. **Otimização do Espaço:** A divisão do estoque em setores permite uma melhor distribuição dos produtos no espaço físico disponível, evitando o desperdício de espaço e tornando o ambiente mais organizado.

7. **Priorização de Produtos:** É possível estabelecer prioridades de acordo com a demanda ou características dos produtos, agilizando o acesso aos itens mais requisitados.

8. **Atendimento Personalizado:** A setorização também possibilita uma abordagem mais personalizada no atendimento ao cliente, uma vez que os colaboradores podem acessar rapidamente os produtos desejados.

9. **Redução do Tempo de Espera:** Com a agilidade na localização e separação dos produtos, o tempo de espera dos clientes é reduzido, proporcionando uma experiência mais satisfatória.

10. **Agilidade em Ações de Reposição:** Com a setorização, a equipe pode identificar rapidamente quando um setor está com baixo estoque e tomar ações de reposição com mais agilidade.

A setorização do estoque é uma estratégia importante para melhorar a agilidade no atendimento ao cliente e otimizar a gestão dos produtos armazenados. É fundamental planejar bem a divisão dos setores, considerando a demanda dos produtos, o espaço disponível e as necessidades específicas da empresa. Além disso, é importante capacitar a equipe para que todos compreendam o novo arranjo e possam trabalhar de forma mais eficiente.

Redução de Erros:

A setorização de estoque é uma prática que envolve dividir o espaço de armazenamento em diferentes áreas ou setores, cada um destinado a um tipo específico de produto. Essa técnica tem como objetivo otimizar a organização e facilitar o controle do estoque. A setorização contribui significativamente para a redução de erros no gerenciamento do estoque, e aqui estão algumas razões pelas quais isso acontece:

1. **Localização Facilitada:** Com o estoque setorizado, fica mais fácil localizar e identificar os produtos, pois cada setor abriga itens similares. Isso reduz a possibilidade de erro ao procurar ou pegar produtos errados.

2. **Separação de Pedidos Mais Precisa:** Quando os produtos estão organizados por setor, a separação de pedidos se torna mais precisa, minimizando as chances de incluir itens errados nos pedidos dos clientes.

3. **Controle de Validade:** A setorização permite um melhor controle da validade dos produtos, evitando que itens próximos ao vencimento fiquem esquecidos no estoque.

4. **Redução de Danos:** Ao separar produtos por suas características e necessidades de manuseio, evita-se o empilhamento inadequado e, consequentemente, a ocorrência

de danos.

5. **Contagem de Inventário Mais Eficiente:** Com o estoque dividido em setores, as contagens cíclicas e as auditorias são mais precisas e eficientes, contribuindo para a acuracidade dos dados de estoque.

6. **Melhoria na Organização Geral:** A setorização melhora a organização geral do estoque, evitando o acúmulo de itens em locais inadequados e a mistura de produtos diferentes.

7. **Redução de Tempo Perdido:** Com a localização e separação facilitadas, o tempo perdido em busca de produtos ou correção de erros é reduzido, melhorando a eficiência operacional.

8. **Melhor Atendimento ao Cliente:** Com menos erros no processo de separação e envio de produtos, a satisfação dos clientes é melhorada, pois eles recebem exatamente o que foi solicitado.

9. **Gestão de Estoque Mais Precisa:** A setorização permite uma gestão mais precisa e detalhada do estoque, garantindo que cada setor seja dimensionado de acordo com a demanda e o giro dos produtos.

10. **Evita Produtos Expirados:** Com um controle mais eficiente da validade dos produtos, a setorização ajuda a evitar o armazenamento e a venda de itens com prazo de validade vencido.

Em resumo, a setorização de estoque é uma estratégia fundamental para a redução de erros no gerenciamento do estoque. Ela proporciona uma organização mais eficiente, facilita a localização dos produtos e melhora a precisão das atividades relacionadas ao estoque, resultando em um processo mais confiável e assertivo.

Otimização do Espaço:

A setorização de estoque é uma prática que visa otimizar o espaço disponível no armazém ou depósito, dividindo-o em setores específicos para cada tipo de produto. Essa técnica traz diversas vantagens relacionadas à otimização do espaço, contribuindo para uma gestão mais eficiente e organizada do estoque. Abaixo estão alguns benefícios da setorização para a otimização do espaço:

1. **Aproveitamento Máximo do Espaço:** Ao organizar o estoque em setores, é possível utilizar cada espaço disponível de maneira mais eficiente, evitando áreas ociosas e garantindo que todos os locais sejam utilizados adequadamente.

2. **Melhor Distribuição dos Produtos:** A setorização permite distribuir os produtos de acordo com suas características, tamanho, peso ou demanda, evitando o desperdício de espaço e criando uma disposição mais lógica dos itens.

3. **Facilidade de Acesso:** Com os produtos agrupados em setores específicos, fica mais fácil e rápido acessá-los quando necessário, evitando perda de tempo e agilizando o processo de separação de pedidos.

4. **Evita Mistura de Produtos:** A setorização impede a mistura de produtos diferentes em um mesmo espaço, reduzindo o risco de confusões e erros no gerenciamento do estoque.

5. **Redução de Movimentações Desnecessárias:** Com a organização por setores, as movimentações de produtos dentro

do estoque são minimizadas, o que ajuda a evitar retrabalhos e deslocamentos desnecessários.

6. **Fácil Controle de Inventário:** A setorização torna mais prático o controle de estoque, permitindo que as contagens cíclicas e auditorias sejam realizadas de forma mais precisa e rápida.

7. **Identificação Rápida de Produtos:** Com cada setor identificado e destinado a um tipo específico de produto, fica mais fácil e rápido localizar os itens no estoque.

8. **Melhoria na Recebimento e Expedição:** Com o espaço otimizado, a área de recebimento e expedição torna-se mais organizada e eficiente, facilitando o fluxo de entrada e saída de produtos.

9. **Flexibilidade de Arranjo:** A setorização permite ajustar a disposição dos setores conforme a necessidade da empresa, tornando o layout do estoque mais flexível e adaptável.

10. **Redução de Custo de Armazenagem:** Com a otimização do espaço, há uma redução nos custos de armazenagem, uma vez que é possível utilizar o espaço de forma mais econômica e racional.

Em resumo, a setorização de estoque é uma estratégia que traz diversos benefícios para a otimização do espaço físico e para a gestão do estoque de forma geral. Ela contribui para a organização, agilidade e eficiência no armazenamento e no controle dos produtos, tornando o processo logístico mais produtivo e econômico.

Facilitação do Inventário:

A setorização do estoque facilita o processo de inventário de maneira significativa. O inventário é uma atividade essencial para manter o controle e a acuracidade dos registros de estoque. Com a setorização, o processo de inventário se torna mais organizado, eficiente e preciso. A seguir, estão algumas maneiras pelas quais a setorização facilita o inventário:

1. **Contagem Cíclica mais Eficiente:** Com o estoque dividido em setores, a contagem cíclica pode ser realizada de forma mais organizada e dividida em etapas. Isso permite que a equipe responsável pelo inventário foque em um setor de cada vez, tornando o processo mais rápido e menos suscetível a erros.

2. **Maior Precisão nas Contagens:** A setorização evita a necessidade de contar todo o estoque de uma só vez, reduzindo a fadiga da equipe e minimizando a probabilidade de erros de contagem.

3. **Menos Interferência nas Operações:** Ao contar o estoque por setores, apenas uma pequena parte do estoque é afetada por vez, o que permite que as operações continuem funcionando normalmente em outros setores.

4. **Identificação de Divergências Rápida:** Se houver divergências nas contagens de inventário, a setorização permite identificar o setor específico onde o problema ocorreu, tornando mais fácil rastrear a origem do erro.

5. **Atualização mais Fácil de Registros:** Com a contagem cíclica por setores, é mais fácil atualizar os registros de estoque à medida que as contagens são concluídas, mantendo assim a acuracidade dos dados em tempo real.

6. **Organização dos Itens Contados:** Durante a contagem de inventário, os itens contados podem ser organizados em um local específico do setor para evitar duplicações ou omissões.

7. **Menor Tempo de Interrupção:** O inventário por setores permite que a equipe de inventário se concentre em uma área por vez, reduzindo o tempo de interrupção das atividades normais da empresa.

8. **Melhor Controle da Validade:** A setorização também auxilia na verificação das datas de validade dos produtos, garantindo que os itens com prazo próximo ao vencimento sejam identificados e tratados adequadamente.

9. **Rastreamento de Itens de Alto Valor:** Itens de alto valor podem ser segregados em setores específicos durante o inventário, garantindo maior controle e segurança durante o processo.

Em suma, a setorização do estoque é uma prática que torna o inventário mais eficiente, organizado e preciso. Ela facilita a contagem, a identificação de divergências e o rastreamento de itens específicos, além de reduzir a interferência nas operações normais da empresa. Ao facilitar o inventário, a setorização contribui para uma gestão mais eficiente do estoque como um todo.

- Limpeza e organização:

Estabeleça Rotinas de Limpeza:

Estabelecer rotinas de limpeza no estoque é fundamental para garantir a organização, a higiene e a segurança dos produtos armazenados. Manter um ambiente limpo e organizado contribui para a eficiência das operações logísticas, evita desperdícios, preserva a qualidade dos produtos e reduz riscos de acidentes. Abaixo estão algumas etapas importantes para estabelecer rotinas de limpeza no estoque:

1. **Definir Frequência e Responsáveis:** Determine a frequência das limpezas, que pode ser diária, semanal, quinzenal ou mensal, de acordo com as necessidades do estoque. Atribua responsáveis específicos para a execução das tarefas de limpeza.

2. **Criar um Checklist de Limpeza:** Elabore um checklist detalhado com as atividades de limpeza que devem ser realizadas em cada setor do estoque. Inclua itens como limpeza de prateleiras, pisos, equipamentos, embalagens, entre outros.

3. **Organizar Produtos e Materiais:** Antes de iniciar a limpeza, certifique-se de que os produtos estejam organizados em seus devidos lugares. Isso facilitará o processo de limpeza e evitará danos aos produtos.

4. **Utilizar Produtos Adequados:** Escolha os produtos de limpeza adequados para cada tipo de superfície e produto. Certifique-se de que os produtos utilizados sejam compatíveis com os materiais presentes no estoque.

5. **Remoção de Produtos Vencidos ou Danificados:** Durante a limpeza, verifique e remova produtos vencidos, danificados ou em condições impróprias para o consumo. Isso evitará que produtos inadequados sejam comercializados ou consumidos.

6. **Limpeza de Equipamentos e Máquinas:** Realize a limpeza regular de equipamentos, como empilhadeiras, paleteiras e

outros dispositivos utilizados no estoque. A manutenção adequada prolonga a vida útil desses equipamentos.

7. **Atenção às Áreas de Acesso:** Dê atenção especial às áreas de acesso, como corredores e passagens. Certifique-se de que estejam livres de obstáculos e sujeiras que possam comprometer a movimentação de produtos e a segurança dos colaboradores.

8. **Treinamento da Equipe:** Treine a equipe de forma adequada para que saibam realizar a limpeza corretamente, utilizando os produtos e equipamentos de maneira segura e eficiente.

9. **Incentivar a Cultura de Limpeza:** Estimule a cultura de limpeza entre os colaboradores do estoque. Reconheça e valorize aqueles que cumprem as rotinas de limpeza, criando um ambiente colaborativo e engajado.

10. **Acompanhamento e Melhoria Contínua:** Realize acompanhamentos periódicos para verificar a efetividade das rotinas de limpeza e promova melhorias sempre que necessário. A análise de indicadores de limpeza pode ser útil para identificar oportunidades de aprimoramento.

A manutenção de rotinas de limpeza bem estabelecidas no estoque é um fator-chave para garantir a qualidade dos produtos, a produtividade das operações e a segurança dos colaboradores. Além disso, um estoque limpo e organizado transmite uma imagem positiva da empresa para clientes e fornecedores.

Utilize Etiquetas e Identificações:

Utilizar etiquetas e identificações é uma prática essencial para manter a limpeza e organização no estoque. Essas ferramentas são eficazes para garantir que os produtos sejam armazenados de forma correta e que o controle de estoque seja mais eficiente. Aqui estão algumas dicas de como utilizar etiquetas e identificações para otimizar a limpeza e organização:

1. **Etiquetas de Identificação:** Utilize etiquetas para identificar cada item armazenado no estoque. As etiquetas devem conter informações relevantes, como nome do produto, código, descrição, número de lote e data de validade. Essas informações ajudam a evitar erros de picking, facilitando a localização dos produtos.

2. **Etiquetas de Localização:** Utilize etiquetas para identificar as prateleiras e áreas de armazenamento. As etiquetas de localização ajudam a direcionar os colaboradores para o lugar correto onde os produtos devem ser colocados, evitando confusões e desorganização.

3. **Codificação por Cores:** Uma técnica eficiente é utilizar códigos de cores para diferenciar os tipos de produtos ou a data de validade. Por exemplo, é possível usar etiquetas vermelhas para produtos vencidos e etiquetas verdes para produtos dentro do prazo de validade.

4. **Sinalização de Riscos:** Utilize etiquetas com sinalização de riscos para identificar produtos perigosos ou que requerem manuseio especial. Isso é importante para garantir a segurança dos colaboradores e evitar acidentes.

5. **Etiquetas de Prioridade:** Quando houver produtos com maior urgência de saída, como produtos perecíveis, utilize etiquetas de prioridade para destacá-los dos demais. Isso auxilia na gestão da demanda e no controle do estoque.

6. **Etiquetas de Movimentação:** Utilize etiquetas de movimentação para indicar quais produtos devem ser retirados do estoque primeiro (FIFO - First In, First Out). Isso ajuda a evitar o acúmulo de produtos antigos e a garantir que os mais antigos sejam utilizados primeiro.

7. **Etiquetas de Inspeção:** Coloque etiquetas de inspeção em produtos que precisam ser verificados regularmente, seja para controle de qualidade ou para garantir que estão em boas condições de armazenamento.

8. **Sistema de Código de Barras:** Utilize um sistema de código de barras para a leitura rápida e precisa das informações dos produtos. Isso torna o processo de identificação e registro mais ágil e eficiente.

9. **Atualização Regular:** Mantenha as etiquetas sempre atualizadas, garantindo que as informações estejam corretas e refletindo a realidade do estoque.

Utilizar etiquetas e identificações no estoque contribui para a padronização, a clareza e a agilidade nas operações, além de facilitar o controle e a gestão dos produtos. Com um sistema de identificação adequado, a equipe tem mais facilidade para encontrar os produtos, reduzindo erros e melhorando o atendimento ao cliente. A limpeza e organização são fatores-chave para manter um estoque eficiente e seguro, e as etiquetas desempenham um papel importante nesse processo.

Separe Produtos por Categoria:

Separar os produtos por categoria é uma estratégia eficiente para manter a limpeza e organização do estoque. Ao agrupar os itens de acordo com suas características ou finalidades, torna-se mais fácil localizá-los, reduzir o tempo de busca e minimizar erros de armazenamento. Aqui estão algumas dicas para separar produtos por categoria e otimizar a limpeza e organização do estoque:

1. **Defina Categorias Claras:** Identifique as principais categorias de produtos que a empresa comercializa ou produz. Por exemplo, em uma loja de roupas, as categorias podem ser camisetas, calças, blusas, acessórios, etc.

2. **Use Prateleiras ou Áreas Específicas:** Atribua prateleiras ou áreas específicas para cada categoria de produto. Isso facilitará a localização dos itens e evitará a mistura entre diferentes categorias.

3. **Codificação por Cores ou Etiquetas:** Utilize códigos de cores ou etiquetas para identificar visualmente cada categoria. Por exemplo, utilize etiquetas vermelhas para produtos da categoria "Acessórios" e etiquetas azuis para produtos da categoria "Calçados".

4. **Organize por Tamanho ou Número:** Se aplicável, organize os produtos por tamanho ou número, facilitando a identificação e separação de diferentes variações do mesmo item.

5. **Utilize Divisórias ou Gavetas:** Se o estoque possui muitos itens pequenos, divida os espaços com divisórias ou utilize gavetas para manter cada categoria separada e organizada.

6. **Padronize a Organização:** Estabeleça um padrão de organização para todos os colaboradores seguirem. Isso ajuda a manter a consistência e facilita o treinamento de novos funcionários.

7. **Limpeza Regular:** Mantenha o estoque limpo e livre de poeira. Faça limpezas regulares das prateleiras, gavetas e áreas de armazenamento para evitar o acúmulo de sujeira e poeira nos produtos.

8. **Inventário Periódico:** Realize inventários periódicos para verificar a quantidade de cada categoria de produto no estoque e garantir que as quantidades estejam corretas.

9. **Treinamento da Equipe:** Treine a equipe para que todos compreendam a importância da organização e saibam como manter cada categoria de produto devidamente separada.

10. **Monitoramento Contínuo:** Mantenha um monitoramento contínuo do estoque para identificar possíveis desorganizações ou necessidade de ajustes.

Ao separar os produtos por categoria, você ganha eficiência nas operações, melhora a utilização do espaço no estoque e oferece um ambiente mais organizado para a equipe trabalhar. Além disso, essa organização contribui para a precisão nos processos, agilidade nas atividades e, consequentemente, melhoria no atendimento ao cliente.

Utilize Prateleiras e Organizadores:

Sim, a utilização de prateleiras e organizadores é fundamental para manter a limpeza e organização do estoque de forma eficiente. Prateleiras e organizadores são estruturas que permitem armazenar os produtos de maneira mais ordenada, facilitando o acesso, a identificação e a contagem dos itens. Aqui estão algumas dicas sobre como utilizar prateleiras e organizadores para otimizar a limpeza e organização do estoque:

1. **Escolha Prateleiras Adequadas:** Opte por prateleiras que sejam resistentes e adequadas para suportar o peso dos produtos que serão armazenados. Certifique-se de que as dimensões das prateleiras sejam compatíveis com os tamanhos dos itens a serem estocados.

2. **Organize por Categorias:** Utilize as prateleiras para organizar os produtos por categorias, como mencionado anteriormente. Cada categoria deve ter seu próprio espaço para facilitar a identificação e o acesso rápido.

3. **Utilize Organizadores e Divisórias:** Para itens menores ou que precisem ser mantidos separados, utilize organizadores e divisórias nas prateleiras. Isso evitará a bagunça e a mistura de produtos diferentes.

4. **Etiquetagem:** Utilize etiquetas nas prateleiras para identificar claramente as categorias de produtos em cada espaço. A etiquetagem ajuda a equipe a encontrar rapidamente o que precisam e a manter a ordem no estoque.

5. **Limpeza Regular:** Realize limpezas periódicas das prateleiras e organizadores para evitar o acúmulo de poeira, sujeira ou resíduos. Ambientes limpos ajudam a preservar a qualidade dos produtos e contribuem para um ambiente de trabalho mais agradável.

6. **Evite Sobrecarregar as Prateleiras:** Não sobrecarregue as prateleiras além de sua capacidade, pois isso pode comprometer a segurança e dificultar a localização dos itens.

7. **Estoque em Altura Adequada:** Mantenha o estoque em uma altura que seja acessível para a equipe, facilitando o manuseio e

evitando acidentes.

8. **Treinamento da Equipe:** Certifique-se de que toda a equipe esteja treinada para utilizar as prateleiras e organizadores corretamente, seguindo as diretrizes de organização e limpeza estabelecidas.

9. **Monitoramento Constante:** Faça monitoramentos frequentes do estoque para verificar se a organização está sendo mantida de forma adequada e se há a necessidade de ajustes.

Utilizar prateleiras e organizadores no estoque é uma prática simples, mas que traz grandes benefícios para a empresa. Além de contribuir para a limpeza e organização do ambiente, também auxilia na otimização do espaço, no controle de estoque e na eficiência das operações diárias.

Adote o Sistema FIFO:

Adotar o sistema FIFO (First-In, First-Out) é uma excelente prática de limpeza e organização no controle de estoque. Esse método consiste em priorizar a saída dos produtos que foram recebidos primeiro, garantindo que os itens mais antigos sejam utilizados ou vendidos antes dos mais recentes. Isso evita o acúmulo de produtos com validade próxima ao vencimento e reduz as chances de perdas por produtos obsoletos ou danificados.

Aqui estão algumas orientações para adotar o sistema FIFO no estoque:

1. **Etiquetagem:** Identifique claramente as datas de entrada dos produtos nas embalagens ou nas prateleiras. Utilize etiquetas com informações como a data de recebimento e

validade do produto.

2. **Organização por Data:** Ao organizar os produtos nas prateleiras ou nos paletes, posicione os itens mais antigos na frente, de forma que sejam os primeiros a serem retirados.

3. **Monitoramento de Validade:** Mantenha um controle rigoroso das datas de validade dos produtos. Certifique-se de que os itens próximos ao vencimento sejam utilizados ou vendidos antes dos demais.

4. **Registro de Entrada e Saída:** Mantenha registros atualizados das entradas e saídas dos produtos. Isso facilitará o acompanhamento das datas de entrada e a aplicação do sistema FIFO.

5. **Treinamento da Equipe:** É essencial treinar toda a equipe que trabalha no estoque sobre a importância do sistema FIFO e como implementá-lo corretamente.

6. **Rotação Regular:** Realize a rotação dos produtos periodicamente. Isso envolve movimentar os itens mais antigos para a frente do estoque e colocar os produtos mais recentes ao fundo.

7. **Inspeção Regular:** Faça inspeções regulares para verificar se o sistema FIFO está sendo seguido corretamente. Identifique e corrija quaisquer desvios.

8. **Integração com Compras:** Comunique-se com a equipe de compras para garantir que os produtos recebidos estejam em conformidade com as necessidades atuais do estoque, evitando o excesso de produtos que podem levar ao desperdício.

A adoção do sistema FIFO ajuda a reduzir perdas e desperdícios, garantindo que os produtos mais antigos sejam vendidos ou utilizados antes que sua validade expire. Além disso, o sistema promove uma gestão mais eficiente do estoque e contribui para a satisfação do cliente, garantindo que os produtos estejam sempre frescos e em boas condições.

Verifique a Validade dos Produtos:

Verificar a validade dos produtos é uma parte importante das práticas de limpeza e organização no controle de estoque. É fundamental garantir que os produtos armazenados estejam dentro do prazo de validade para evitar desperdícios e prejuízos. Aqui estão algumas diretrizes para verificar a validade dos produtos no estoque:

1. **Rotina de Verificação:** Estabeleça uma rotina regular para verificar a validade dos produtos. Isso pode ser feito diariamente, semanalmente ou de acordo com a frequência de movimentação dos produtos.

2. **Organização por Data:** Organize os produtos de forma que os itens com validade mais próxima do vencimento fiquem na frente e sejam utilizados primeiro. O sistema FIFO (First-In, First-Out) é útil para garantir que os produtos mais antigos sejam priorizados.

3. **Etiquetagem Clara:** Utilize etiquetas com informações claras sobre a data de validade dos produtos nas embalagens ou nas prateleiras. As etiquetas devem ser de fácil leitura para que a equipe possa identificar rapidamente os itens que estão

próximos do vencimento.

4. **Separação de Produtos Vencidos:** Ao identificar produtos com validade expirada, separe-os dos demais imediatamente para evitar que sejam utilizados ou comercializados de forma indevida.

5. **Descarte Adequado:** Descarte os produtos vencidos de acordo com as normas e regulamentos locais. Alguns produtos podem precisar de tratamento especial para o descarte, especialmente aqueles que apresentam riscos ambientais.

6. **Comunicação com Fornecedores:** Mantenha-se em contato com os fornecedores para garantir que os produtos recebidos estejam dentro do prazo de validade adequado. Caso receba algum lote de produtos com prazo próximo de vencer, ajuste as operações para priorizar o uso desses itens.

7. **Registro de Validade:** Mantenha registros atualizados das datas de validade dos produtos, seja em um sistema de controle de estoque informatizado ou em planilhas.

8. **Treinamento da Equipe:** Eduque toda a equipe que trabalha no estoque sobre a importância da verificação da validade dos produtos e a maneira correta de realizar essa tarefa.

A verificação regular da validade dos produtos é essencial para garantir a qualidade e a segurança dos itens armazenados. Além disso, ajuda a manter um estoque organizado e livre de produtos vencidos, o que contribui para uma gestão eficiente do estoque e a satisfação dos clientes.

Implemente Sinalização e Mapas:

Implementar sinalização e mapas é uma prática importante para melhorar a limpeza e organização do estoque. Essa estratégia ajuda a orientar a equipe de forma clara e eficiente, facilitando o acesso aos produtos e reduzindo o tempo gasto na localização de itens específicos. Aqui estão algumas diretrizes para a implementação de sinalização e mapas no estoque:

1. **Identificação de Corredores e Prateleiras:** Utilize placas ou etiquetas coloridas para identificar corredores e prateleiras no estoque. Cada cor pode representar uma categoria de produtos ou uma seção específica, facilitando a localização rápida.

2. **Nomenclatura e Numeração:** Atribua nomes ou números às áreas do estoque para que os colaboradores possam se orientar facilmente. Por exemplo, "Corredor A" ou "Prateleira 1".

3. **Mapa Geral do Estoque:** Crie um mapa geral do estoque que exiba todas as seções, corredores e prateleiras. Esse mapa deve ser colocado em locais estratégicos para que a equipe possa consultá-lo sempre que necessário.

4. **Setorização por Categoria:** Sinalize claramente as áreas do estoque destinadas a cada categoria de produtos. Por exemplo, uma seção para eletrônicos, outra para alimentos, e assim por diante.

5. **Sinalização de Produtos Específicos:** Se houver produtos que requerem tratamento especial ou armazenamento diferenciado, como produtos perigosos ou perecíveis, utilize sinalização específica para alertar a equipe.

6. **Sinalização de Sentido de Fluxo:** Se o estoque segue um fluxo específico, como o sistema FIFO, sinalize o sentido de

movimentação dos produtos para evitar confusões.

7. **Sinalização de Cuidados:** Utilize placas ou adesivos com orientações de manuseio adequado dos produtos e cuidados para evitar danos.

8. **Treinamento da Equipe:** Certifique-se de que toda a equipe esteja ciente da sinalização e dos mapas do estoque. Realize treinamentos para explicar a importância da organização e como utilizar os recursos de sinalização corretamente.

A implementação de sinalização e mapas no estoque proporciona diversos benefícios, como redução de erros, agilidade no atendimento aos pedidos, melhor utilização do espaço e maior segurança no manuseio dos produtos. Essas práticas contribuem para um ambiente organizado e eficiente, facilitando o trabalho da equipe e garantindo um controle de estoque mais preciso.

Treine a Equipe:

Treinar a equipe é uma etapa essencial para garantir a limpeza e organização eficiente do estoque. Ao capacitar os colaboradores com conhecimentos sobre boas práticas de limpeza, organização e manutenção do ambiente, você estará criando uma cultura de excelência e aumentando a eficiência das operações. Aqui estão algumas dicas para realizar o treinamento da equipe:

1. **Elabore um Plano de Treinamento:** Defina os tópicos e objetivos do treinamento com base nas necessidades específicas do estoque. Isso pode incluir técnicas de limpeza, organização de produtos, cuidados com a validade, utilização de equipamentos de segurança, entre outros.

2. **Utilize Materiais Didáticos:** Prepare apresentações, manuais ou vídeos explicativos para auxiliar no treinamento. Materiais visuais são mais eficazes para transmitir informações de forma clara e objetiva.

3. **Demonstrações Práticas:** Realize demonstrações práticas das atividades de limpeza e organização. Peça a colaboradores experientes para demonstrarem as técnicas corretas, permitindo que os novos funcionários visualizem a aplicação na prática.

4. **Treinamento em Grupo e Individual:** Combine sessões de treinamento em grupo para abordar questões gerais e individuais para lidar com dúvidas específicas de cada colaborador.

5. **Reforce a Importância:** Explique a importância da limpeza e organização no estoque, destacando como isso contribui para a eficiência, segurança, qualidade dos produtos e satisfação dos clientes.

6. **Envolva a Equipe:** Incentive a participação ativa dos colaboradores durante o treinamento, encorajando perguntas, compartilhamento de experiências e sugestões de melhorias.

7. **Treinamentos Recorrentes:** Realize treinamentos recorrentes para manter a equipe atualizada e reforçar a importância das práticas de limpeza e organização no estoque.

8. **Incentivos e Reconhecimento:** Crie um ambiente de incentivo à melhoria contínua. Reconheça e premie os colaboradores que se destacarem na manutenção da limpeza e organização do estoque.

9. **Avaliação de Desempenho:** Monitore a efetividade do treinamento e a aplicação das práticas aprendidas. Faça avaliações de desempenho para verificar se as técnicas estão sendo seguidas e se há necessidade de ajustes.

Lembre-se de que o treinamento contínuo é fundamental para manter a equipe comprometida e atualizada com as melhores práticas de limpeza e organização. Com uma equipe bem treinada e engajada, você estará contribuindo para um estoque mais eficiente, seguro e produtivo.

Mantenha Corredores Desobstruídos:

Manter os corredores desobstruídos é uma prática essencial para garantir a limpeza e organização do estoque. Corredores obstruídos podem causar diversos problemas, como dificuldade no acesso aos produtos, riscos de acidentes e atrasos nas operações. Aqui estão algumas dicas para manter os corredores desobstruídos:

1. **Defina um Layout Eficiente:** Planeje o layout do estoque de forma a otimizar o espaço e permitir a circulação livre dos colaboradores. Organize os produtos de maneira lógica, agrupando itens similares e deixando os mais movimentados próximos à saída.

2. **Sinalização Adequada:** Utilize sinalizações claras para indicar a rota dos corredores e áreas específicas. Isso ajuda a evitar que os colaboradores bloqueiem acidentalmente os caminhos e também facilita a localização dos produtos.

3. **Armazenamento nas Alturas:** Utilize prateleiras altas para armazenar itens de baixo giro ou de grande volume. Isso libera

espaço no nível do solo e evita a obstrução dos corredores.

4. **Padrões de Organização:** Estabeleça padrões para a organização dos produtos nas prateleiras, de forma que os colaboradores saibam onde encontrar e devolver os itens de maneira rápida e eficiente.

5. **Limpeza e Manutenção:** Mantenha os corredores limpos e livres de qualquer sujeira ou obstáculos. Realize inspeções regulares para verificar se não há itens quebrados ou obsoletos atrapalhando o espaço.

6. **Treinamento da Equipe:** Inclua o treinamento sobre a importância de manter os corredores desobstruídos na capacitação da equipe. Reforce a necessidade de sempre devolver os produtos aos seus devidos lugares após o uso.

7. **Controle de Acesso:** Estabeleça regras sobre quem pode acessar determinadas áreas do estoque. Isso evita que pessoas não autorizadas entrem em corredores restritos e causem obstrução.

8. **Monitoramento Regular:** Realize monitoramentos periódicos para garantir que os corredores continuem desobstruídos ao longo do tempo. Se necessário, faça ajustes no layout para melhorar a circulação.

Ao manter os corredores desobstruídos, você estará garantindo um ambiente de trabalho mais seguro e produtivo, reduzindo riscos de acidentes e facilitando o acesso aos produtos. Além disso, a organização do estoque contribui para a eficiência das operações e a satisfação dos clientes.

Verifique Regularmente:

Verificar regularmente a limpeza e organização do estoque é fundamental para garantir que os padrões estabelecidos sejam seguidos e que o ambiente de trabalho esteja sempre em boas condições. Aqui estão algumas práticas importantes a serem seguidas nessa verificação:

1. **Agenda de Inspeção:** Estabeleça uma agenda para as verificações regulares. Isso pode ser feito diariamente, semanalmente ou de acordo com a necessidade do seu estoque.

2. **Checklist de Verificação:** Crie um checklist com os principais itens a serem verificados, como corredores desobstruídos, produtos organizados nas prateleiras corretas, validade dos produtos, limpeza geral do ambiente, entre outros.

3. **Responsáveis pela Verificação:** Defina quem será responsável por realizar a verificação regular do estoque. Pode ser um colaborador designado para essa função ou o próprio gestor do estoque.

4. **Registros:** Faça registros das verificações realizadas, anotando as observações encontradas e as ações corretivas tomadas, se necessário. Esses registros ajudarão a manter um histórico das inspeções e a monitorar a evolução da organização do estoque ao longo do tempo.

5. **Ações Corretivas:** Caso sejam identificados problemas durante a verificação, tome as medidas corretivas imediatas. Isso pode envolver realocação de produtos, limpeza de áreas específicas ou qualquer outra ação que seja necessária para resolver as questões identificadas.

6. **Treinamento e Conscientização:** Certifique-se de que toda

a equipe esteja ciente da importância da limpeza e organização do estoque e dos padrões que devem ser seguidos. Ofereça treinamento e orientações para que todos estejam alinhados com as práticas estabelecidas.

7. **Melhoria Contínua:** Utilize as verificações regulares como uma oportunidade para identificar possíveis melhorias no sistema de limpeza e organização. Ouça os colaboradores, incentive o feedback e busque constantemente aprimorar os processos.

8. **Envolvimento da Equipe:** Incentive a participação de toda a equipe no processo de verificação. Além de ser uma forma de distribuir responsabilidades, também aumenta o senso de pertencimento e a conscientização sobre a importância da limpeza e organização do estoque.

Ao verificar regularmente a limpeza e organização do estoque, você estará garantindo um ambiente de trabalho mais seguro, eficiente e produtivo. Além disso, a manutenção da organização contribui para a redução de erros, perdas de produtos e a melhoria geral das operações no estoque.

- Treinamento das equipes:

Identifique as Necessidades de Treinamento:

Identificar as necessidades de treinamento da equipe de estoque é fundamental para garantir que os colaboradores estejam devidamente capacitados para desempenhar suas funções de maneira eficiente e segura. Aqui estão algumas etapas para identificar essas necessidades:

1. **Avalie as Competências Atuais:** Inicie avaliando as

competências e habilidades atuais da equipe de estoque. Observe como eles realizam suas tarefas diárias, identificando pontos fortes e áreas que podem ser aprimoradas.

2. **Escute a Equipe:** Envolver a equipe no processo é essencial. Realize reuniões ou pesquisas para coletar feedback sobre as dificuldades que enfrentam no desempenho de suas funções e quais habilidades acham que precisam desenvolver.

3. **Analise o Desempenho:** Examine os dados e métricas de desempenho do estoque, como índices de acuracidade, tempo de processamento, índice de rotatividade de produtos etc. Identifique padrões que possam apontar para áreas de melhoria.

4. **Defina Objetivos do Treinamento:** Com base na avaliação das competências atuais e no feedback da equipe, estabeleça objetivos claros para o treinamento. Defina quais habilidades ou conhecimentos precisam ser adquiridos ou aprimorados.

5. **Identifique Tópicos Relevantes:** Liste os tópicos ou áreas de conhecimento que devem ser abordados no treinamento, como técnicas de armazenamento, controle de estoque, segurança, uso de sistemas de gestão, entre outros.

6. **Escolha a Modalidade de Treinamento:** Avalie a melhor forma de fornecer o treinamento, considerando o conteúdo e as necessidades da equipe. Pode ser presencial, online, workshops, palestras, entre outros.

7. **Planejamento do Treinamento:** Elabore um plano de treinamento detalhado, definindo datas, horários, conteúdo, instrutores e recursos necessários para a realização do treinamento.

8. **Execução e Acompanhamento:** Implemente o treinamento de acordo com o plano estabelecido. Acompanhe a participação e o desempenho da equipe durante o treinamento para garantir que todos estejam recebendo a capacitação necessária.

9. **Avalie o Impacto:** Após a conclusão do treinamento, avalie o impacto nas habilidades e desempenho da equipe. Verifique se as necessidades identificadas foram atendidas e se houve melhorias nos processos e na eficiência do estoque.

10. **Treinamento Contínuo:** O treinamento não deve ser um evento único. Continue a oferecer oportunidades de aprendizado contínuo para manter a equipe atualizada e motivada.

Identificar e atender às necessidades de treinamento da equipe de estoque é uma estratégia essencial para o sucesso operacional do estoque e para o desenvolvimento profissional dos colaboradores. Isso contribui para um ambiente de trabalho mais seguro, produtivo e eficiente, além de aumentar a satisfação e o engajamento da equipe.

Elabore um Plano de Treinamento:

Plano de Treinamento para Equipe de Estoque:

Objetivo: O objetivo deste plano de treinamento é capacitar a equipe de estoque para melhorar a eficiência das operações, garantir a precisão dos registros e promover a segurança no manuseio dos produtos.

1. Treinamento em Técnicas de Armazenamento:
   - Objetivo: Ensinar técnicas adequadas de armazenamento de

diferentes tipos de produtos, maximizando o espaço disponível e facilitando o acesso.

- Conteúdo: Organização de prateleiras, uso de pallets, empilhamento seguro, rotulagem e categorização de produtos.

- Modalidade: Treinamento presencial com demonstrações práticas no estoque.

2. Treinamento em Controle de Estoque:

- Objetivo: Capacitar a equipe a realizar inventários, controle de validade, identificação de produtos obsoletos e reabastecimento.

- Conteúdo: Utilização de sistemas de gestão de estoque, técnicas de contagem, FIFO, análise ABC e XYZ.

- Modalidade: Treinamento presencial com exemplos práticos e exercícios.

3. Treinamento em Segurança no Manuseio de Produtos:

- Objetivo: Promover a segurança e prevenir acidentes durante o manuseio e transporte de produtos.

- Conteúdo: Uso de equipamentos de proteção individual (EPIs), procedimentos de levantamento e transporte seguro, identificação de riscos.

- Modalidade: Treinamento presencial com simulações e práticas seguras.

4. Treinamento em Uso de Sistemas de Gestão:

- Objetivo: Capacitar a equipe a utilizar o sistema de controle de estoque e registros de entrada e saída.

- Conteúdo: Navegação no sistema, registro de dados precisos, monitoramento de níveis de estoque.

- Modalidade: Treinamento presencial e online, com suporte

para tirar dúvidas.

5. Treinamento em Comunicação e Trabalho em Equipe:

- Objetivo: Melhorar a comunicação entre os membros da equipe e promover a colaboração no ambiente de trabalho.

- Conteúdo: Técnicas de comunicação eficaz, resolução de conflitos, trabalho em equipe, liderança e motivação.

- Modalidade: Treinamento presencial com dinâmicas e exercícios de grupo.

6. Treinamento em Atendimento ao Cliente Interno:

- Objetivo: Fornecer um atendimento de qualidade para as demais áreas da empresa que dependem do estoque.

- Conteúdo: Excelência no atendimento, prontidão na entrega, flexibilidade e empatia.

- Modalidade: Treinamento presencial com simulações de atendimento.

7. Treinamento em Rotinas de Limpeza e Organização:

- Objetivo: Estabelecer rotinas de limpeza e organização para manter o estoque limpo, seguro e eficiente.

- Conteúdo: Procedimentos de limpeza, descarte correto de materiais, manutenção de corredores desobstruídos.

- Modalidade: Treinamento presencial com demonstrações práticas.

8. Treinamento em Gestão de Riscos:

- Objetivo: Identificar e prevenir riscos relacionados à segurança, qualidade e controle de estoque.

- Conteúdo: Análise de riscos, planos de contingência, medidas preventivas.

- Modalidade: Treinamento presencial com estudos de caso.

É importante revisar periodicamente o plano de treinamento para atualizá-lo de acordo com as necessidades da equipe e do estoque. Além disso, incentivar o feedback dos colaboradores sobre a eficácia do treinamento e identificar oportunidades de melhorias contínuas. O investimento em capacitação é essencial para garantir uma equipe qualificada, motivada e apta a lidar com as demandas do estoque de forma eficiente e segura.

Com esse exemplo de treinamento acima, abordamos os outros itens desse tema, então vamos dar continuidade.

CONSIDERAÇÕES FINAIS

Acredito que esse formato que escolhi para discorrer sobre o setor estoque e as suas diversas funções, ferramentas, e etc. É de fácil entendimento e rápido de se ler.

Eu particularmente, apesar de ser um criativo, gosto de listas para saber por onde começar e um sentido para seguir.

Dessa forma acredito que é um manual, manual que lhe permite ter um rumo, saber por onde ir, e o que estudar e se aprofundar.

Muito obrigado para quem chegou até aqui, guarde esse livro para consultas futuras e lhe desejo todo sucesso do mundo, e caso foi útil para alguém eu fico muito feliz.